초등학생이 알아야 할

돈과 경제 100가지

더 많은 정보를 얻고 싶다면

어스본 바로가기(usborne.com/Quicklinks)에 방문해서 검색창에 '100 Things to know about money'를 입력해 보세요. 고대 동전부터 금괴까지 다양한 형태의 화폐를 웹사이트와 영상으로 만날 수 있어요. 또한 퀴즈를 풀며 자신의 금융 지식을 확인하고 책 속 정보들을 더 자세히 살펴볼 수도 있답니다. 다만, 연결되는 웹사이트는 모두 영문으로 제공되어요.

어스본 바로가기에서는 다음과 같은 활동을 해 볼 수 있어요.
- 치즈로 가득한 은행 금고 들여다보기
- 전 세계 통화와 관련된 퀴즈 풀기
- 나만의 돈 만들어 보기
- 알래스카의 골드러시 마을 방문하기

어스본 출판사는 '어스본 바로가기' 이외의 정보 이용에 대한 법적 책임을 지지 않습니다. 어린이가 인터넷을 사용할 때에는 반드시 보호자의 지도가 필요합니다.

초등학생이 알아야 할

돈과 경제 100가지

앨리스 제임스, 랜 쿡, 미카엘라 탭셀,
빅토리아 M. 윌리엄스 글

페데리코 마리아니, 안톤 할만,
줄리아나 아이그너, 티파니 브셰어 그림

제니 오플리, 렌카 존스,
리지 노트, 가브리엘 리우 디자인

1 현금과 카드가 있기 전에는…

조개껍데기와 장어를 사용했어요.

수천 년 동안 사람들은 물건을 사며 값을 지불했어요. **돈**은 이러한 지불 수단으로 사용되는 모든 것을 가리켜요. 보통은 매우 단순한 형태를 띠지요.

과거에 돈으로 사용된 물건은 **유용하거나**, 보기에 **아름답거나**, **희귀하여** 가치가 있다고 여겨졌어요. 다음 예시를 살펴보아요.

유용한 것

차(아시아)
들고 다니기 쉽도록 찻잎을 작은 덩어리 형태로 압축했어요.

쌀(아시아)
수백 년 전 대한민국에서는 쌀이 너무 귀해서 보통 사람들이 먹기 쉽지 않았어요. 대신 세금을 내는 데 사용되었지요.

동물 가죽
(전 세계)

소금(전 세계)
소금은 조미료와 방부제로 사용되는 꼭 필요한 물건이었어요. 에티오피아와 같은 지역에서는 소금 막대로 물건 값을 냈어요.

장어(잉글랜드)
장어는 잉글랜드에서 인기 많은 귀한 음식이었어요. 1086년에만 50만 마리가 넘는 장어가 건물이나 토지의 임대료로 사용되었어요.

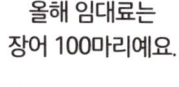

감자 으깨는 도구(카메룬)
이 주방 도구는 철로 만들었고, 4kg이 넘었어요.

후추(유럽)
남인도에서 유럽으로 수출되었어요. 향신료로 인기가 높고 매우 귀해서 '검은 금'으로 불렸어요.

올해 임대료는 장어 100마리예요.

아름다운 것

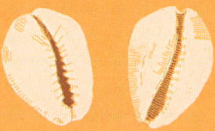

개오지 껍데기
(오세아니아, 아시아, 중동, 아프리카)
작은 바다 고둥의 껍데기로, 수천 년 동안 돈으로 사용되었어요.

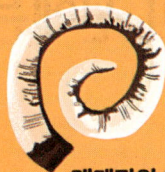

멧돼지의 어금니
(오세아니아)
지금까지도 바누아투의 펜테코스트섬에서는 멋지게 구부러진 멧돼지의 어금니를 전통적인 돈으로 사용하고 있어요.

구슬 장식
(미국 동부 해안)
조개껍데기를 다듬어 만든 구슬이에요. '흰 구슬 끈'을 뜻하는 '왐펌'으로 불렸지만, 보라색을 띠기도 했어요.

금속 덩어리
(아프리카, 아시아, 유럽)
금이나 은같이 순수한 금속으로 만든 작은 덩어리를 사용하기 편한 모양으로 주조했어요.

새의 깃털
(중앙아메리카)

희귀한 것

수가 많지 않거나 구하기 힘든 것을 말해요.

카카오 콩
(중앙아메리카)

돌고래 이빨
(오세아니아)

오늘날 전 세계에서 사용되는 돈은 두 가지 형태를 띠어요.

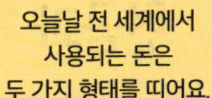

동전과 지폐를 뜻하는 **현금**이 있고…

… **전자 화폐**, 즉 이(e)머니가 있어요. 전자 화폐는 은행의 컴퓨터 시스템에 디지털 방식으로 저장되어요. 체크 카드나 신용 카드, 스마트 기기의 앱을 통해 사용할 수 있어요.

2009년에 **암호 화폐**라고 불리는 세 번째 형태의 돈이 등장했어요. 암호 화폐는 디지털 방식으로 저장되지만, 은행에 보관되지는 않아요. 낯설거나 어려운 단어는 124-125쪽 낱말 풀이를 찾아보세요.

2 가로등에 동전을 넣으면…

코코아 한 잔을 살 수 있었어요.

오늘날 전자 화면이 있고, 비접촉식 결제가 가능한 **자판기**는 흔히 볼 수 있어요. 하지만 자판기 자체는 새로운 개념이 아니에요. 사실 수천 년 전부터 존재했지요.

1890년대 런던의 거리에는 크고 검은 가스 가로등이 늘어서 있었어요. 그중에서 '플루토 램프'는 자판기 역할도 했어요.

자판기의 역사

동전으로 작동하는 최초의 기계는 2,000년 전 고대 그리스에서 발명되었어요. 신전에 온 사람들에게 성수를 파는 용도였지요.

1800년대에는 자판기에서 신문, 우표, 편지지와 봉투 같은 것들을 판매했어요.

오늘날 전 세계의 자판기에서 음식, 우산, 책, 약 등 거의 모든 것을 살 수 있어요.

구멍에 동전을 넣으면 따뜻한 음료가 나와요!

동전 하나로 커피, 차, 코코아, 쇠고기 수프를 마실 수 있어요.

이 가로등은 인기가 많았지만, 수천 개의 위조 동전이 사용된 사실이 밝혀지면서 곧 운영이 중단되었어요.

3 런던 마라톤은…

세계에서 가장 큰 규모의 자선기금 행사예요.

런던 마라톤은 1981년에 처음 열렸어요. 수천 명의 참가자가 런던 거리를 달렸는데, 많은 이들이 달리면서 자선 단체에 대한 관심을 높이고 돈을 모금했어요. 그 이후 수많은 자선 단체에 어마어마한 양의 돈이 전달되었지요.

매년 런던 마라톤 당일에 약 **6천만 파운드**, 우리나라 돈으로 약 96억 원에 달하는 금액이 자선 단체에 기부되어요. 행사가 시작된 이후로 모인 총 기부금은 약 **10억 파운드**, 우리나라 돈으로 약 1조 6천억 원이 넘어요.

더 많은 돈을 모으기 위해 참가자들은 구경꾼의 기억에 남을 특별한 의상을 입기도 해요…

… 그래서 런던 마라톤은 다른 주요 마라톤 대회를 모두 합친 것보다도 더 많은 돈을 모으지요.

4 리타스, 라츠, 리라는…

유로로 대체되었어요.

여러 나라들은 대개 그 나라의 공식적인 돈인 **통화**를 사용해요. 하지만 1999년부터 유럽에는 새로운 통화인 **유로**가 도입되었어요. 유로는 유럽의 여러 나라에서 오랫동안 사용되었던 각각의 통화를 대신하게 되었어요.

헤어질 시간이야, 키프로스 '파운드'.

이게 마지막 스페인 '페세타'야.

크로아티아 '쿠나'

에스토니아 '크룬'

그리스 '드라크마'

슬로베니아 '톨라르'

리투아니아 '리타스'

스페인 '페세타'

오스트리아 '실링'

슬로바키아 '코루나'

슬로바키아 '코루나', 안녕.

전 세계의 통화

전 세계에는 180 종류가 넘는 통화가 있어요.

유로나 미국 달러와 같은 일부 통화는 국제 무역에 사용되기 때문에 많은 나라의 중앙은행에서 보유하고 있어요. 이를 **준비 통화**라고 해요.

5 리치 1kg에…

유로가 처음 사용되었어요.

유로를 사용한 최초의 구매는 프랑스의 레위니옹 섬에서 이루어졌어요.

리치 1kg이 유로 75센트에 판매되었지요.

6 보안 전문가가…

지폐 만드는 일을 도와요.

새로운 지폐를 만들 때, 지폐 디자이너는 보안 전문가와 협력해요. 알아보기는 쉬워도 복제는 어려운 도안을 설계하지요. 어떻게 만드는지 함께 살펴보아요.

가치
지폐마다 얼마만큼의 가치를 지니고 있는지 나타내야 해요. 이처럼 겉에 적힌 가격을 **액면가**라고 해요.

인도네시아의 루피아를 비롯해 많은 나라의 지폐는 가치에 따라 **크기**도 달라요. 이런 지폐는 만지기만 해도 구별할 수 있지요.

거의 모든 통화에서 지폐는 액면가마다 서로 바탕색이 달라요. 그래서 쉽게 지폐를 구별할 수 있어요.

국왕 폐하

어스본 왕궁

초상화
지폐에는 유명한 작가, 발명가, 과학자, 대통령, 왕족 인물 등 해당 나라의 중요한 사람이 그려진 경우가 많아요.

나라를 상징하는 그림
어떤 지폐에는 나라의 중요한 상징이 그려져 있어요. 예를 들어, 뉴질랜드 달러에는 새, 대한민국 원에는 유명한 미술 작품이 그려져 있지요.

7 첨단 기술이 적용된 잉크를 사용하면…

지폐 위조를 막을 수 있어요.

많은 지폐가 **시변각 잉크**라고 불리는 특수 잉크로 인쇄되어요. 가짜 지폐, 즉 **위조지폐**를 만들기 어렵게 하는 보안 기술 중 하나예요.

시변각 잉크에는 금속 입자가 포함되어 있어요. 지폐를 다른 각도에서 보면 이 잉크로 인쇄된 부분의 색상이 다르게 보여요.

시변각 잉크 중 어떤 종류는 미국 정부에만 독점 판매되고 있어요.

여러 나라에서는 지폐 위조를 방지하기 위해 다양한 **보안 장치**를 사용해요. 여기에 몇몇 예시를 실었어요. 하지만 나머지는 비밀로 유지된답니다.

이 지폐의 가치는 10입니다.

워터마크
지폐에 글자나 그림이 희미하게 인쇄되어 있어요.

홀로그램
약 100개 나라의 통화에 홀로그램이 사용되어요.

금속 필름
지폐에 금속 필름을 박아 넣어요.

자외선 문양
자외선을 쬐어야 볼 수 있는 무늬가 숨겨져 있어요.

8 지갑을 바닥에 두면...

돈을 잃게 될 거예요.

세계 곳곳에는 돈과 관련된 미신, 속담, 습관 등이 아주 많아요. 지갑을 허리 아래에 두지 않아야 한다거나, 주머니 속에 거미를 넣으면 어떤 일이 생기는지 등 흥미로운 이야기를 알아보아요.

미신: 봄에 새 지갑을 사라.

기원: 일본

미신: 지갑을 바닥에 두면 돈을 잃는다.

기원: 중국

미신: 거미를 주머니에 넣으면 주머니가 현금으로 가득 찬다.

기원: 영국, 카리브해 지역의 섬들

나랑 같이 살래?

일본어로 '하루'는 '봄'을 뜻하기도 하지만, '채우다, 늘어나다'라는 의미도 있어요. 그래서 봄에 산 지갑에는 돈이 가득 차고 점점 불어난다고 하지요.

지갑이 든 가방을 바닥에 두는 건 돈 관리가 소홀하다는 뜻이에요. 가방을 허리 위쪽으로 지니고 다녀야 돈을 안전하게 지킬 수 있다고 하지요.

접시거미과의 어떤 작은 거미는 '돈거미'라는 별명으로 불려요. 영국 사람들은 이 거미가 지나갈 때 잡아서 주머니 속에 넣으면 돈이 부족해지지 않는다고 믿었어요.

9 단 하나의 숫자가…

수십억 개의 오류를 막아 줘요.

전 세계에서 약 **30억 개**의 신용 카드가 사용되고 있어요. 카드 앞면에는 대부분 **15자리** 또는 **16자리** 고유 번호가 있어서 카드 주인을 식별할 수 있어요. 그중에 아주 중요한 역할을 하는 한 숫자가 있지요.

앞 8자리 번호는 은행에서 지정해요.

마지막 숫자는 **체크 번호**라고 불러요. 체크 번호는 보안 기능이 있어요.

어스본 은행

1234 5678 1011 121 ③

MRS. M BOOT
12-34-56

12345678

체크 번호는 **룬 알고리즘**이라는 수학 공식을 통해 생성되어요.

체크 번호는 물건을 살 때 카드 번호가 바르게 입력되었는지 컴퓨터가 확인할 수 있게 해 주어요. 거의 모든 은행과 정부에서는 카드 번호의 보안을 강화하기 위해 체크 번호를 사용해요.

10 70명의 낯선 사람들이…

엄청난 재산을 물려받았어요.

사람은 죽기 전 **유언장**이라고 불리는 문서를 남기기도 해요. 자신이 죽은 뒤에 재산을 처리할 방법을 정리해 두지요. 보통 유언장의 내용은 간단하지만, 깜짝 놀랄만한 내용이 담겨 있기도 해요.

일반적으로 사람들은 모든 재산을 가족, 친구 또는 자선 단체에 남겨요.

포르투갈에 사는 큰 부자였던 루이스 카를로스 드 노로냐 카브랄 다 카마라는 자녀도 없고 친구도 거의 없었어요.

그래서 자신의 재산을 한 번도 만난 적이 없는 사람들에게 남겨 주기로 했어요.

1988년에 루이스 카를로스는 리스본 전화번호부에서 그 도시의 시민 중 70명을 무작위로 골랐어요.

13년 후 루이스 카를로스가 세상을 떠나자, 유언장을 맡은 변호사가 선정된 70명에게 연락했어요. 어떤 사람들은 유언이 속임수일 거라고 의심했어요. 그래서 정말로 유산을 물려받게 되었다고 설득해야 했지요.

11 가장 작은 동전이…

가장 큰 행운을 가져다줘요.

일본 사람들은 신사*를 방문하면 헌금함에 동전을 넣는 관례가 있어요. 하지만 얼마를 넣었는지는 중요하지 않아요. 동전의 종류가 중요하지요. 보통 5엔 동전이 가장 좋답니다.

*일본에서 신을 모시고 제사를 지내는 곳을 말해요.

사람들이 동전을 넣는 이유는 신사에 모시는 신 카미와 좋은 인연을 맺기 위해서예요.

카미

5엔 동전의 가치는 높지 않지만, 일본에서는 행운의 상징으로 여겨요. 5엔은 일본어로 '고엔'이라고 하는데, 이는 인연을 뜻하는 단어와 발음이 같기 때문이에요.

사람들은 주머니에 5엔 동전을 넣고 다니다가 새 지갑이 생기면 가장 먼저 이 동전을 넣어요. 어떤 사람들은 5엔 동전을 목걸이나 리본에 달아 행운을 기원하지요.

12 아스테카 제국에서는…

초콜릿 돈을 사용했어요.

아스테카 제국은 1300년부터 1521년까지 멕시코 중부 대부분을 차지했던 나라예요. 아스테카 문명에서는 카카오나무에 열린 콩이 금보다 귀했어요. 카카오 콩은 군인과 귀족이 마시는 초콜릿 음료의 재료였는데, 화폐로 사용되기도 했지요.

카카오 콩의 가치는 때때로 달라졌어요. 하지만 기록을 통해, 아스테카 사람들이 어떤 물품에 얼마만큼 값을 치렀는지 알아볼 수 있어요.

1
콩 1개
큰 토마토 1개, 또는 익은 아보카도 1개, 또는 긴 풋고추 5개, 또는 작은 토마토 20개, 또는 팬 장작

2
콩 2개
달걀 1개

3
콩 3개
갓 딴 아보카도 1개 또는 칠면조알 1개

4
콩 4개
호박 1개

5
콩 5개
불 피우는 용도로 쓰는 기다란 나무껍질 1개

20
콩 20개
수탉 1마리

30
콩 30개
작은 토끼 1마리

300
콩 300개
고급 면으로 만든 망토 1장 또는 수컷 칠면조 1마리

8,000
콩 8,000개
구리로 만든 손도끼 머리 1개

13 메이플 시럽 도둑이...

캐나다 최대의 도난 사건을 일으켰어요.

캐나다에서는 매년 봄에 단풍나무에서 채취한 수액을 끓이고 졸여서 달콤한 메이플 시럽을 만들어요. 이 과정은 몇 달이나 걸리고 비용도 많이 들어서 메이플 시럽의 가격은 아주 비싸요. 도둑들이 훔치려고 노릴 정도로요.

14 세계의 억만장자들이…

한뜻으로 약속을 했어요.

세계에서 가장 부유한 200명 이상의 사람들이 '더 기빙 플레지'라고 불리는 기부 운동에 서약했어요.

> 우리는 살아있는 동안 또는 사후에 재산 대부분을 사회의 가장 시급한 문제를 해결하는 데 기부할 것을 약속합니다.

매해마다 더 많은 부자들이 서약에 참여하고 있어요.

이 서약의 가치는 **수천억** 달러에 이르러요.

우리는 매년 모여서 어떻게 하면 기부를 더 많이 하고 사람들이 더 나은 삶을 살게 할지 이야기 나누어요.

이처럼 사회 문제를 해결하기 위해 재산과 재능 등을 기부하는 자선 활동을 **필란트로피**라고 해요.

15 가장 완벽한 돈은…

바로 동전이에요.

지금까지 수많은 것들이 돈으로 사용되었어요. 하지만 그중에서도 한 가지 형태가 몇백 년 동안 꾸준히 사용되었어요. 바로 동전이에요.
아래 그림을 따라가면 왜 동전이 완벽한 형태의 돈인지 알 수 있어요.

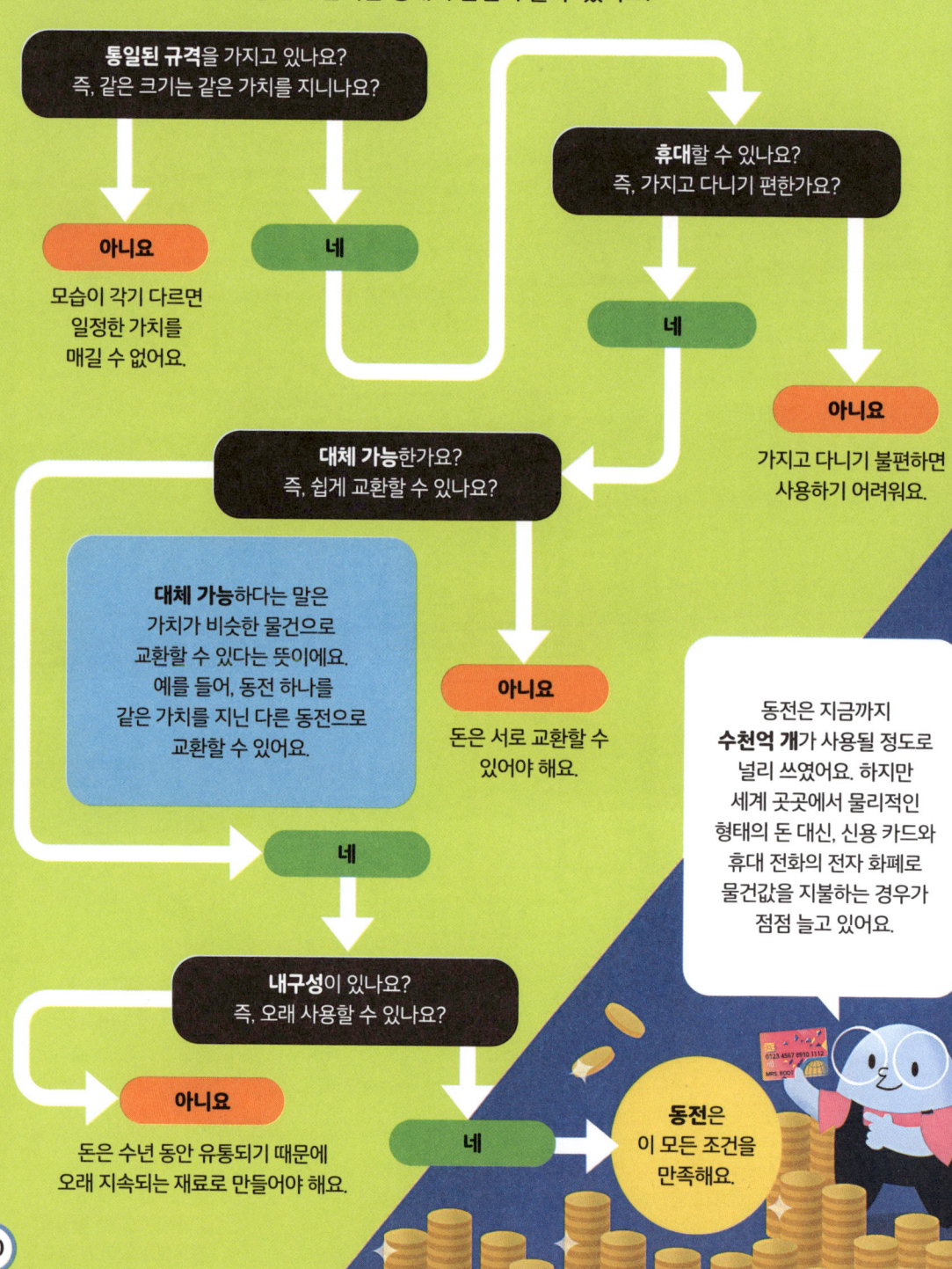

통일된 규격을 가지고 있나요?
즉, 같은 크기는 같은 가치를 지니나요?

- 아니요 → 모습이 각기 다르면 일정한 가치를 매길 수 없어요.
- 네

휴대할 수 있나요?
즉, 가지고 다니기 편한가요?

- 네
- 아니요 → 가지고 다니기 불편하면 사용하기 어려워요.

대체 가능한가요?
즉, 쉽게 교환할 수 있나요?

대체 가능하다는 말은 가치가 비슷한 물건으로 교환할 수 있다는 뜻이에요. 예를 들어, 동전 하나를 같은 가치를 지닌 다른 동전으로 교환할 수 있어요.

- 아니요 → 돈은 서로 교환할 수 있어야 해요.
- 네

내구성이 있나요?
즉, 오래 사용할 수 있나요?

- 아니요 → 돈은 수년 동안 유통되기 때문에 오래 지속되는 재료로 만들어야 해요.
- 네 → **동전**은 이 모든 조건을 만족해요.

동전은 지금까지 **수천억 개**가 사용될 정도로 널리 쓰였어요. 하지만 세계 곳곳에서 물리적인 형태의 돈 대신, 신용 카드와 휴대 전화의 전자 화폐로 물건값을 지불하는 경우가 점점 늘고 있어요.

16 바닷속에 놓인 돌 하나로…

땅을 살 수 있어요.

모든 형태의 화폐를 들고 다닐 수 있는 건 아니에요. 태평양의 야프섬에서는 몇백 년 동안 **라이 스톤**이라고 불리는 거대한 둥근 돌이 화폐로 사용되었어요. 가장 큰 라이 스톤은 옮길 수도 없어요. 바닷속에 가라앉아 있는 것도 있답니다.

라이 스톤이 한번 자리를 잡으면, 거의 옮길 일이 없어요. 가지고 다닐 필요도 없거든요. 어느 돌이 누구의 것인지, 가치는 얼마인지 모든 섬 주민들이 알고 있어요.

라이 스톤이 바다 밑바닥에 놓여 있더라도 상관없어요. 그 돌이 어디 있는지 알고만 있다면 화폐로 인정받아요.

라이 스톤은 야프섬 곳곳에 있어요. 어떤 것은 가로 길이가 3m나 되어요. 오늘날 섬 주민들은 일상생활에는 미국 달러를 사용해요. 하지만 땅을 사거나 결혼 선물을 줄 때는 여전히 라이 스톤을 사용하지요.

17 돈의 90% 이상이…
온라인 공간에 존재해요.

이 두 페이지의 면적이
세상에 존재하는 모든 돈을 나타낸다고
상상해 보세요.

오프라인 화폐

동전과 지폐 같은 물리적인 돈은
이 파란색 면적만큼 차지하고 있어요.
전 세계에 존재하는 모든 돈의

7-8%
정도이지요.

온라인 화폐 92-93%

거의 대부분의 돈이 모두 온라인에 존재해요.
컴퓨터 화면에서 오르락내리락하는 숫자 형태로요.
예를 들면, 은행 계좌를 오고가는 돈,
주식 시장의 증권, 암호 화폐 등이 있어요.

세상에는 얼마나
많은 돈이 있을까요?
다음 장을
살펴보세요.

18 세상의 모든 돈을 세는 것은…

불가능해요.

수많은 경제학자가 세상에 있는 모든 돈을 세어 보려 했지만 실패했어요. 모든 돈을 더하려면, 먼저 다음과 같은 질문들에 답을 구해야 해요.

얼마나 유통되고 있나요?

사고파는 행위를 **거래**라고 해요. 전 세계에서 매초 수백만 건의 거래가 컴퓨터에 기록되어요. 하지만 수많은 현금 거래가 기록 없이 이루어지지요.

얼마를 투자했나요?

어떤 사람들은 은행에 돈을 보관하지 않아요. 대신 부동산처럼 값어치가 있는 것들을 구매해요. 이를 **투자**라고 해요.

얼마나 잃어버렸나요?

사람들이 실수로 훼손하거나 버리거나 집에서 찾지 못하는 현금이 얼마나 많은지 알 수 없어요.

19 지켜보는 눈이 있으면…

더 많이 기부하게 돼요.

사람들은 누군가 자기를 지켜보고 자기 모습을 평가할 수 있다고 생각하면 사회적으로 좋게 보이는 행동을 더 많이 하게 되어요. 예를 들어, 법을 잘 지키거나 자선 단체에 기부를 하지요.

이 규칙은 실제 사람이 지켜보지 않더라도 적용되어요.

과학자들은 기부함 근처에 눈 한 쌍의 그림을 붙여 두면, 사람들이 기부를 더 많이 한다는 사실을 알아냈어요.

여러분의 도움이 필요해요!

자선 단체에 기부하세요

자선 단체는 사람, 동물 또는 환경을 돕기 위한 좋은 목적으로 돈을 모으는 조직이에요. 수익을 목적으로 하지 않으며 사람들이 **기부**한 돈이나 물품으로 자선 사업을 해요.

대부분의 종교에서 자선 단체에 기부하는 일을 중요하게 여겨요. 예를 들어, 많은 무슬림들이 자산의 2.5%를 기부해요.

20 진흙으로 만든 돼지가…

동전을 안전하게 보관해 주어요.

500년 넘도록 전 세계 사람들은 작은 돼지 모양 통에 동전을 보관했어요. 역사학자들은 이 **돼지 저금통**이 여러 시대, 여러 장소에서 각각 발명되었다고 생각해요. 행운을 바라는 마음이 우연히 비슷한 결과로 나타난 것이지요.

13세기 인도네시아 자바섬
가장 오래된 돼지 저금통 중 하나예요. '첼렝'이라고 불리는 멧돼지를 본 떠 만들었지요. 볼록한 몸으로 부를 상징했던 이 저금통은 동전을 보관하기 딱 좋았어요.

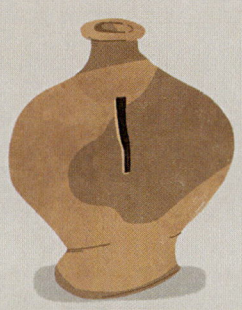

16세기 영국
피그(pygg)라고 불리는 찰흙으로 동전을 보관하는 용기를 만들었어요.

18세기 영국
시간이 흘러 점토를 뜻하는 피그(pygg)와 돼지를 뜻하는 피그(pig)가 혼동되면서 돼지 저금통이 탄생했어요.

와장창! 초기의 돼지 저금통은 깨트려서 돈을 꺼냈어요.

19세기
나중에는 돼지 저금통을 깨트리지 않고 동전을 꺼낼 수 있도록 구멍이 만들어졌어요.

저금통이 반드시 돼지 모양일 필요는 없어요…

독일
… 하지만 돼지는 많은 나라에서 행운을 상징해요 …

중국
… 그래서 오늘날까지 세계 곳곳에서 돼지 저금통에 돈을 보관해요.

21 가상에 존재하는 돈으로…

현실 세계를 이해할 수 있어요.

물건을 사고파는 모든 활동과 사회적 관계를 **경제**라고 해요. 1인 가구 같은 작은 단위에서도, 국가와 같은 큰 집단에서도 경제 활동이 이루어져요. 다양한 게임에도 **가상 경제**가 갖추어져 있어요. 가상 경제는 현실 세계보다 단순하지만, 기본적인 규칙과 사람들의 결정 방식은 놀랍도록 비슷해요.

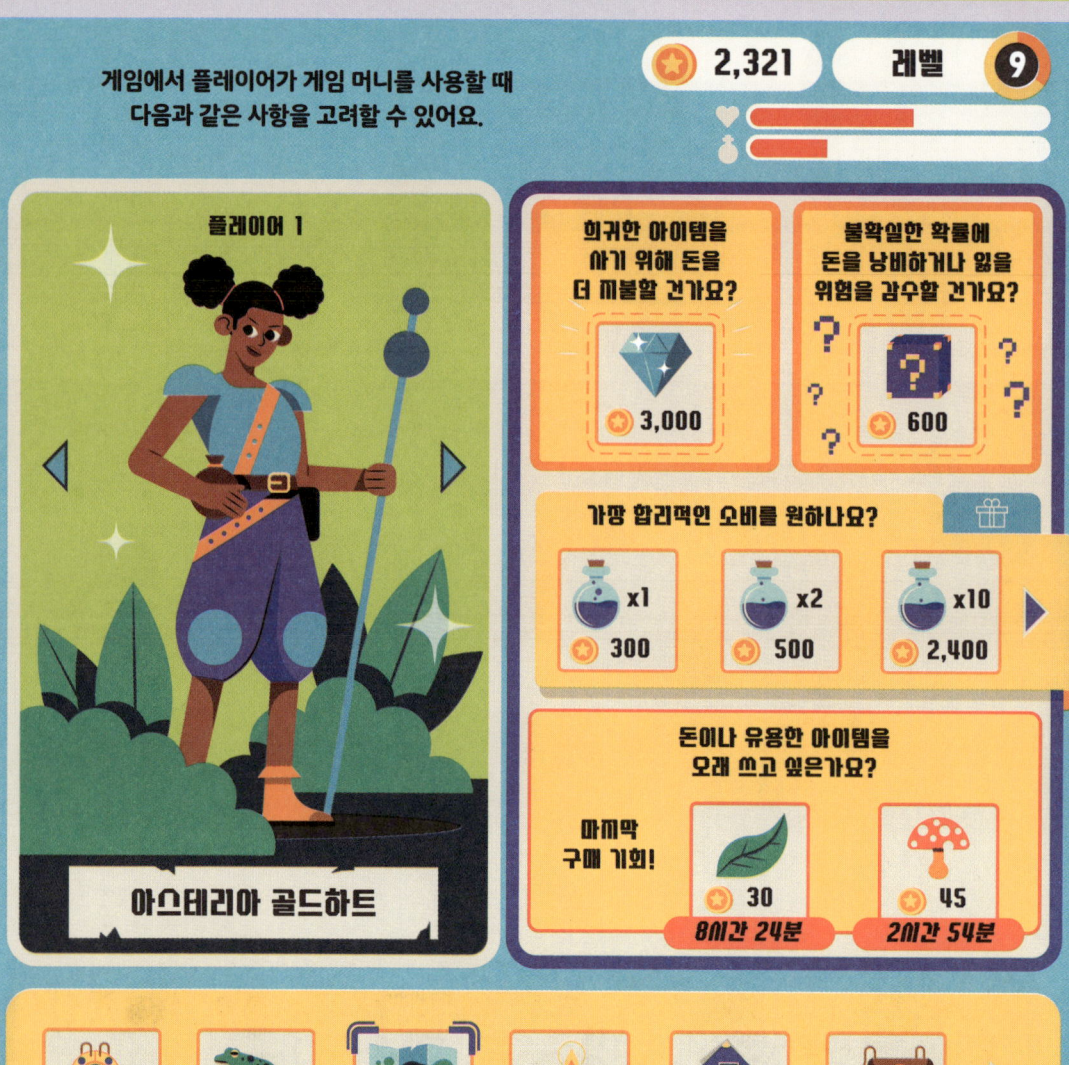

경제학자는 돈을 비롯한 여러 경제 활동을 연구하는 전문가예요. 어떤 경제학자는 게임을 통해 실제 경제가 어떻게 돌아가는지, 어떻게 해야 경제 활동이 좀 더 공정하게 이루어지는지 연구해요.

경제의 모든 것

경제는 특정 장소에 있는 모든 사람이 **재화**나 **서비스**를 만들고, 팔고, 사고, 사용하는 활동으로 이루어져요.

재화란 물리적인 형태를 갖춘 물건을 말해요.	**서비스**란 개인이나 회사가 다른 사람에게 제공하는 행위를 말해요.
옷 	청소 
음식 	은행 업무
자동차 	머리 손질 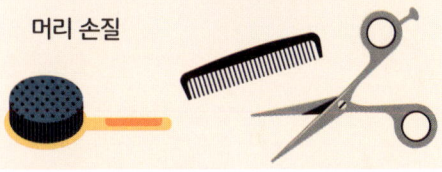
전자기기  	체육 지도  

경제는 사람들이 처음 물건을 거래하고 다른 사람을 위해 일할 때부터 존재했어요. 최초의 경제학자로 알려진 헤시오도스는 약 **3,000년** 전 고대 그리스에 살았어요.

경제에서 돈과 금전적인 가치가 있는 것들은 끊임없이 교환이 이루어져요. 교환 방식은 매우 다양한데 예를 들면 다음과 같아요.

지출	**수입**	**기부**	**대출**
돈을 쓰는 일. 58쪽을 보세요.	돈을 버는 일. 87쪽을 보세요.	대가 없이 돈을 내놓는 일. 26쪽을 보세요.	돈을 빌리는 일. 41쪽을 보세요.

22 범죄자들은 금속을 훔치기 위해···

동전을 깎았어요.

모든 동전은 저마다 금액에 따른 가치를 가지고 있어요. 하지만 동전의 재료가 되는 금속도 고유한 가치를 가지고 있지요. 수백 년 동안 범죄자들은 동전을 사용하기 전에 다양한 방법으로 동전 일부를 떼어 냈어요. 그런 다음, 떼 낸 금속을 팔아 돈을 벌었지요.

갈아 끼우기
큰 동전에 구멍을 뚫고 값싼 금속을 채워 넣었어요.

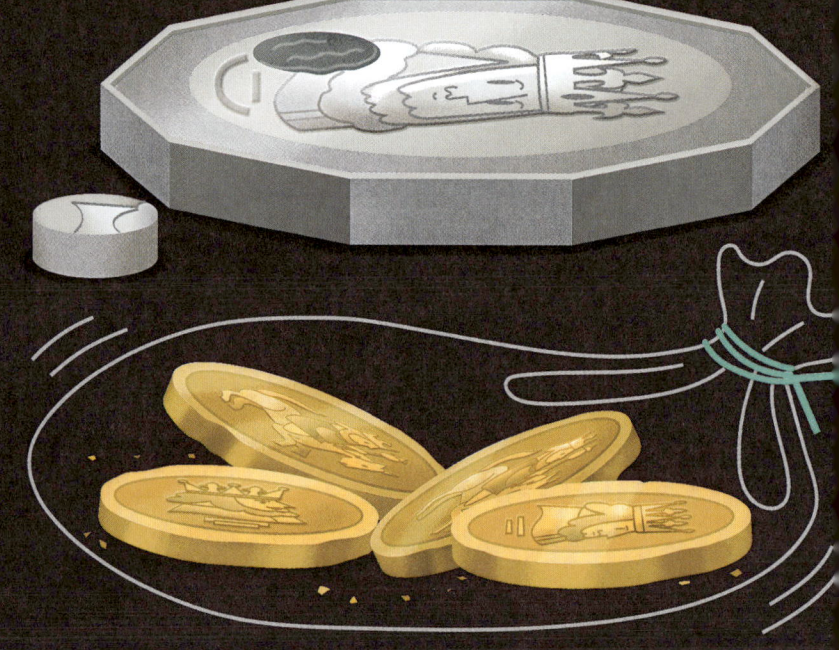

가루 내기
금화나 은화를 주머니에 넣고 흔들었어요. 동전이 서로 맞부딪치면서 떨어져 나온 금속 가루를 모았지요.

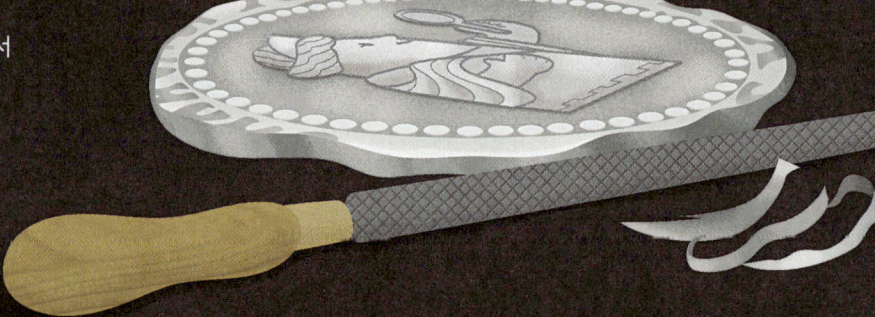

깎아 내기
동전 가장자리에서 금속을 얇게 깎아 냈어요.

범죄 예방 방법
오늘날 많은 나라에서는 동전 가장자리와 테두리에 무늬나 글자를 새겨 넣어요. 조금이라도 손상이 생기면 바로 눈에 띄지요.

23 도술가, 광대, 도둑이…

부자를 속여 가난한 사람들을 도왔어요.

전 세계 여러 나라에는 나쁜 짓을 일삼는 부자를 속여 그들의 재산을 훔치는 용감한 영웅들의 이야기가 전해져요. 이들은 훔친 돈을 도움이 필요한 사람들에게 나누어 주어, 정의로운 도둑이라는 뜻의 '의적'이라고 불리지요.

의적 이야기의 어떤 주인공은 실존 인물에게 영감을 받아 탄생했어요. 다만, 시간이 지나면서 이야기가 덧붙여졌어요.

영국의 로빈 후드

나는 동료들과 함께 셔우드 숲에서 살았어. 욕심 많은 부자들의 재산을 훔쳐 필요한 사람들에게 나누어 주었지.

독일의 틸 오일렌슈피겔

난 가난한 어릿광대야! 짓궂은 장난으로 탐욕스러운 사람들을 속여 돈을 얻어 냈지.

슬로바키아의 유라이 야노시크

난 전설적인 도둑이야. 귀족의 재물을 훔쳐 가난한 사람들에게 주었지. 나의 이름은 슬로바키아에서 평등의 상징이 되었어.

대한민국의 홍길동

나는 신기한 도술로 나쁜 관리들의 재물을 빼앗아 가난한 사람들을 도왔어. 나중에는 새 나라의 왕이 되어 모든 사람을 평등하게 다스렸어.

종종 법을 어길 때도 있지만, 사람들에게 공평하게 돈을 나누어 주는 영웅들의 이야기는 지금까지도 널리 사랑받고 전해지고 있어요.

24 가상의 장바구니로…

인플레이션을 측정할 수 있어요.

시간이 흐르면 일반적으로 물건의 가치, 즉 **가격**이 더 높아져요. 경제학자들은 이러한 현상을 **인플레이션**이라고 불러요. 정부가 인플레이션을 추적하는 방법 중 하나는, 가상의 장바구니에 담긴 상품의 가격이 어떻게 변하는지 관찰하는 거예요.

'장바구니'는 지역마다 다르고 해마다 달라요. 실제로 장바구니에 넣는 물건뿐만 아니라 여행 상품, 전기 요금 같은 것도 포함되지요.

패키지 여행 ↑ 9%

비누 ↑ 17%

가전제품 ↑ 11%

파스타 ↑ 20%

커피 ↑ 6%

신발 ↑ 7%

전기 요금 ↑ 27%

장바구니 지수는 생활비를 측정하는 좋은 방법이에요.

예를 들어, 1971년에서 2021년 사이 영국에서 우유 1파인트*는 5펜스*에서 45펜스로 올랐어요. 빵 한 덩어리는 10펜스에서 1.10파운드*로 올랐어요. **1,000%**가 넘는 인플레이션이에요.

인플레이션은 항상 일어나고 있어요. 하지만 너무 빠르게 발생하면 사람들의 생활에 아주 큰 어려움을 가져올 수 있어요.

*영국의 1파인트는 약 568밀리리터(ml)예요. *펜스는 페니의 복수형이에요.
*1파운드는 1페니의 100배예요.

25 수레에 가득 찬 돈으로…

빵 한 덩이도 사지 못했어요.

1918년, 독일은 제1차 세계 대전에 패배했어요. 독일 정부는 다른 나라들의 전쟁 피해에 엄청난 배상을 해야 했고, 국가를 운영할 예산도 부족했지요. 1922년, 독일 정부는 엄청나게 많은 지폐를 찍어 내기 시작했어요.

그 결과, 사람들은 지폐 무더기를 갖게 됐어요. 그러자 상점들은 음식과 연료 같은 필수품에 훨씬 더 비싼 값을 매기기 시작했어요.

하지만 나라 안에 돈이 너무 많아지자, 돈 자체의 가치는 폭락했어요. 지폐를 인쇄하는 비용이 지폐의 가치보다 더 높아졌어요.

1923년 무렵, 독일의 통화 가치는 형편없이 떨어졌어요. 지폐로 물건을 살 수 없어, 대신 벽지나 땔감으로 사용할 정도였지요.

> 빵을 사려면 이 돈으로도 모자라.

불과 몇 달 만에 빵 가격이 250마르크에서 **2,000억 마르크***로 치솟았어요.

이처럼 급격한 인플레이션이 일어나는 일을 **초인플레이션**이라고 해요. 결국 독일 정부는 경제를 회복시키기 위해 새로운 통화를 도입했어요.

*마르크는 독일의 옛 통화예요.

26 동전이 발명되기 전부터…

불어나는 빚이 존재했어요.

다른 사람에게 갚아야 하는 돈을 **빚** 또는 **부채**라고 해요. 빚에 대한 기록은 5,500년 전까지 거슬러 올라가요. 이는 동전이 발명되기 수천 년 전의 일이지요. 가장 오래된 기록은 오늘날 이라크가 있는 수메르에서 발견되었어요.

수메르 사람들은 현금을 사용하지 않고, 밭과 농장에서 서로를 돕는 방식으로 거래했어요.

우리는 서로 시간과 물건을 빚지는 거예요. 빚진 양은 달라질 수 있기 때문에 계산하기 꽤 복잡했죠!

수메르 사람들은 빚을 추적하기 위해서 점토판에 설형 문자로 기록해 두었어요.

대부분 보리나 은으로 빚을 갚았어요.

빚을 늦게 갚을수록, 갚아야 할 빚이 늘어났어요.

오늘날 은행에 빚을 지고 있는 사람들도 마찬가지예요. 돈을 빌린 대가로 갚아야 하는 추가 금액을 **이자**라고 해요.

27 아인슈타인의 눈은…

은행에 보관되어 있어요.

무척 중요하거나 무엇과도 바꿀 수 없는 소중한 물건을 안전하게 보관하고 싶다면, 은행에서 제공하는 **대여 금고**에 보관할 수 있어요. 금고를 열기 위해서는 고객과 은행 모두 열쇠가 필요해요.

대여 금고는 보통 금속으로 만들어요. 홍수, 화재, 태풍, 토네이도, 지진 등을 견딜 수 있도록 설계하지요. 어떤 물건들이 대여 금고에 보관되어 있는지 살펴보세요.

중요한 문서들 (유언장, 출생증명서)

보석

가족의 기념품

수집품

대여 금고는 아주 특이한 물건을 보관하는 데 사용되기도 해요.

1955년에 유명한 과학자 알베르트 아인슈타인이 세상을 떠났어요. 그때, 한 의사가 그의 신체 일부를 훔쳤어요.

의사는 아인슈타인의 두 눈을 뉴욕에 있는 대여 금고에 보관했어요. 오늘날까지도 금고에 잘 보관되어 있답니다.

28 가지고 놀지 않는 장난감들이…

엄청난 가치를 가지고 있을지 몰라요.

수집가들은 장난감, 책, 카드, 음반 같은 물건을 원래의 가격보다 훨씬 더 비싸게 주고 사기도 해요. 이러한 물건을 **수집품**이라고 하며, 다양한 요인에 따라 가치가 정해져요.

오래됨
오래된 것은 역사적으로 중요한 의미를 가질 수 있어서 가치가 높아요.

희소함
아무리 많이 만들었다 하더라도 실제로 구하는 것이 매우 어렵다면, 엄청나게 비싼 값이 매겨질 수 있어요.

상태
물건의 상태가 좋을수록 가치는 높아져요. 포장을 뜯지 않은 상태라면 더더욱이요.

초판
책이나 인쇄된 작품이 초판, 즉 가장 처음으로 제작되어 판매된 상품이라면 가치가 높아요.

제작자

특정 회사나 유명한 예술가처럼 누가 만들었느냐에 따라 가치가 높아질 수 있어요.

희귀함

제품이 매우 한정적으로 생산되거나 너무 오래되어 남아 있는 것이 적다면, 수집가는 돈이 얼마나 많이 들든 수집하려 할 거예요.

최고 인기 캐릭터 Vol.1

인기가 많음

모든 사람이 원하는 물건은 높은 가격에 팔리는 경우가 많아요. 특히 빠르게 팔릴 가능성이 높다면 더욱 그렇지요.

29 사기꾼이 예술가에게…

가짜 울트라마린 안료를 팔았어요.

울트라마린은 파란색을 내는 수많은 안료* 중 하나예요. 하지만 17세기에는 세상에서 가장 비싼 안료였어요. 순금보다도 더 비쌌지요. 울트라마린은 많은 예술가에게 꿈의 재료였지만, 어떤 예술가에게는 돈을 버는 수단이 되었어요.

*물감 등의 재료가 되는, 색을 띤 가루를 말해요.

1600년대 울트라마린은 희귀한 돌인 **청금석**을 이용해 만들었어요. 청금석은 자연에서는 드물게 순수한 파란색을 지닌 물질이에요. 채굴하고 가공하는 데 비용이 아주 많이 들어요.

청금석으로 만든 울트라마린은 너무나 귀했기 때문에 유명한 예술가들은 부유한 후원자에게 울트라마린을 사 달라고 부탁했어요. 그리고 아주 소량만 사용했지요.

어떤 예술가는 후원자의 돈을 아껴 두고, 자신의 명성이 떨어질 위험을 무릅쓰고서 값싼 파란색 안료를 대신 사용했어요.

어떤 판매상은 일반 파란색 안료를 울트라마린이라고 속여 예술가들에게 엄청난 돈을 받고 팔았어요.

1826년 실험실에서 합성 울트라마린을 만든 프랑스의 한 화학자에게 상금이 수여되었어요. 오늘날 울트라마린 안료는 다른 파란색 안료보다 특별히 더 비싸지 않아요.

30 웨스턴오스트레일리아에서는…

나무에서 금이 자라요.

지구에서 발견되는 금의 대부분은 깊은 땅속에서 채굴되어요. 하지만 최근 몇 년 동안, 사람들이 예상하지 못한 곳에서 금이 발견되었어요. 바로 어떤 유칼립투스 나무의 잎에서요.

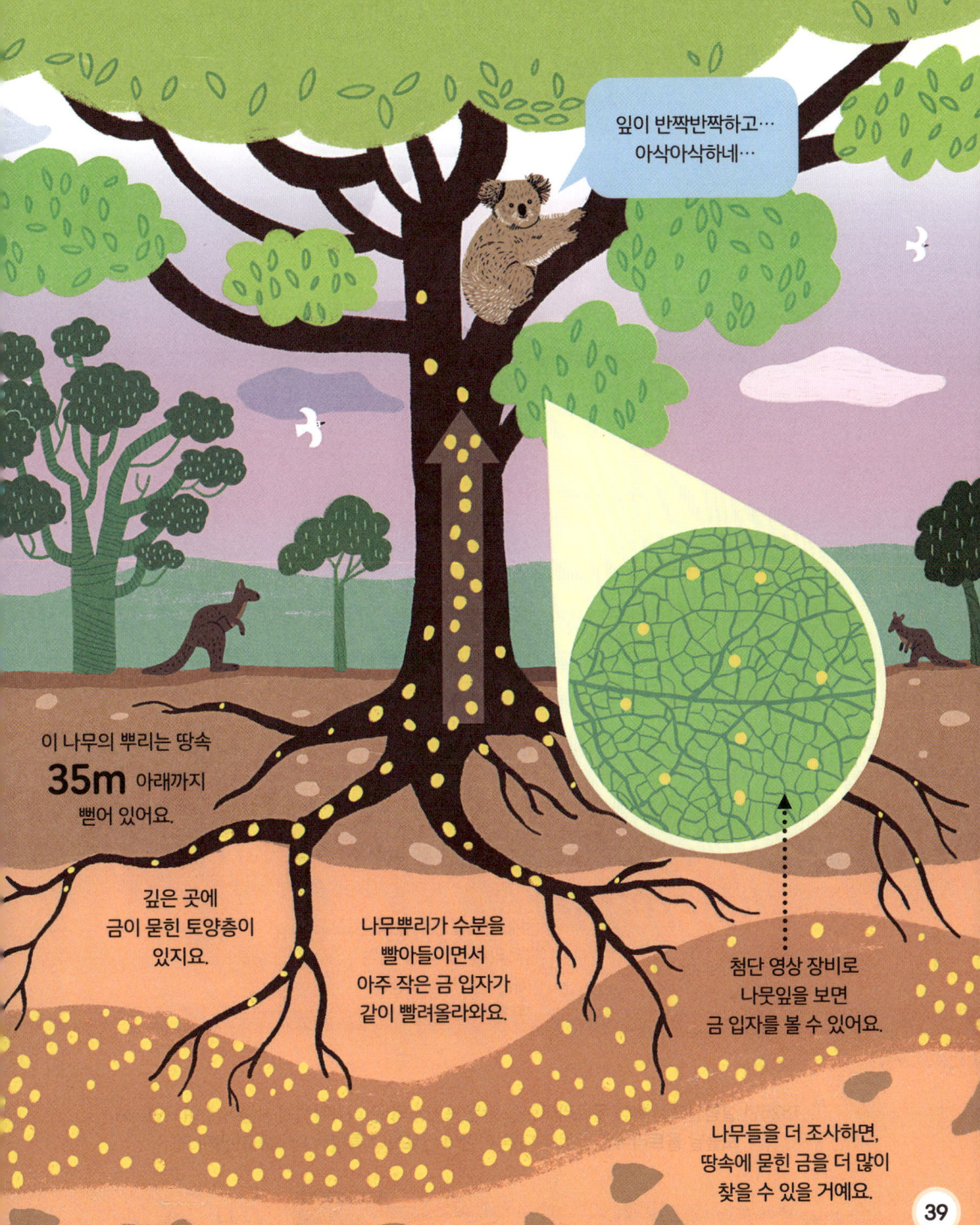

잎이 반짝반짝하고…
아삭아삭하네…

이 나무의 뿌리는 땅속 **35m** 아래까지 뻗어 있어요.

깊은 곳에 금이 묻힌 토양층이 있지요.

나무뿌리가 수분을 빨아들이면서 아주 작은 금 입자가 같이 빨려올라와요.

첨단 영상 장비로 나뭇잎을 보면 금 입자를 볼 수 있어요.

나무들을 더 조사하면, 땅속에 묻힌 금을 더 많이 찾을 수 있을 거예요.

31 은행은 돈을 보관해 주지만…

가지고 있는 현금은 얼마 없어요.

은행은 사람들의 돈을 보관해 주는 곳이에요. 하지만 돈을 금고 속에 그대로 넣어두지 않아요. 은행은 그 돈을 다른 사람들에게 빌려주거나 투자하고, 돈 주인이 원할 때 돌려줘요. 돈은 가만히 있는 법이 없지요.

은행

큰 동전 하나를 은행에 가져간다고 상상해 보세요.

이 동전으로 다양한 일을 할 수 있어요.

저축하기

돈을 은행에 보관하면 **이자**가 붙어 돈이 쌓여요. 이자란, 은행이 매년 일정 비율로 더해 주는 돈이에요.

돈이 조금씩 늘어나요.

이제 동전이 두 개예요.

모든 은행 계좌에 이자가 더해지는 건 아니에요.

돈이 그대로예요.

아직 동전 하나예요.

이자 없는 은행이 궁금하다면 76쪽을 보세요.

은행에 보관한 돈

은행은 실제로 보유하고 있는 돈보다 더 많은 돈을 빌려줘요. 컴퓨터 화면에 나오는 숫자만큼의 돈을요. 은행의 돈은 대부분 가상에 존재해요.

은행은 현금을 많이 가지고 있지 않기 때문에, 사람들이 한꺼번에 돈을 전부 꺼낼 수 없어요. 만약 실제로 이와 같은 일이 일어나면 **뱅크 런**이라고 해요.

국가마다 **중앙은행**이라는 국가 기관이 있어요. 중앙은행은 비상시를 대비해 금을 비축해 놓고 있는데, 이를 **금 보유고**라고 해요.

추가로 빌리기

은행 계좌에 돈이 있다면, **대출**을 받아 집과 같이 큰돈이 들어가는 물건도 살 수 있어요. 대신 은행은 빌려준 돈에도 **이자**를 붙이기 때문에, 빌린 돈보다 더 많은 돈을 갚아야 해요.

> 동전 두 개를 빌렸는데, 세 개를 갚아야 해요.

돈을 빌리고 갚기

투자하기

어떤 사람들은 **투자**를 선택해요. 투자란 나중에 더 많은 돈을 벌기 위해 무언가를 사는 일이에요.

항상 수익이 나는 건 아니에요. 예를 들어, 투자했던 회사가 문을 닫으면 손해를 보아요.

돈을 잃어요.

어떤 투자는 성공을 거두어요. 이런 경우, 개인이나 기업들은 많은 돈을 벌지요.

돈을 많이 벌어요.

32 폭발하는 염료가…

현장에서 범인을 잡아요.

은행 직원들은 은행에 강도가 들이닥치면 일단 돈을 건네주도록 훈련받아요. 그래야 강도가 사람들을 해치지 않고 모두가 안전하기 때문이에요.
하지만 강도들이 은행에서 가지고 나가는 것은 돈뿐만이 아니랍니다.

1965년부터 은행은 지폐 더미 사이에 얇고 유연한 염료 팩을 숨겨왔어요.
이 팩은 원격으로 작동하는 장치와 연결되어 있지요.

만약 누군가 돈을 훔쳐 은행 건물 밖으로 나가면, 원격 장치가 전자 신호를 감지하고…

33 골드러시 이후…

유령 도시만 남았어요.

1800년대, 부자를 꿈꾸는 사람들이 금광이 발견된 곳으로 몰려들었어요. 이러한 현상을 **골드러시**라고 해요. 미국, 호주, 남아프리카 곳곳에 광부들이 모인 마을이 생겨났어요.
광부들은 함께 살면서 금광을 파내고 개울에서 금을 채취했어요.

그러다 금이 더 나오지 않게 되면…

…광부들은 마을을 버리고, 다른 곳으로 떠나 버렸어요.

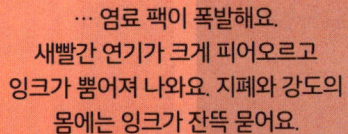

… 염료 팩이 폭발해요. 새빨간 연기가 크게 피어오르고 잉크가 뿜어져 나와요. 지폐와 강도의 몸에는 잉크가 잔뜩 묻어요.

잉크를 지우는 건 불가능해요. 그래서 경찰이 쉽게 강도를 찾아내어 잡을 수 있지요.

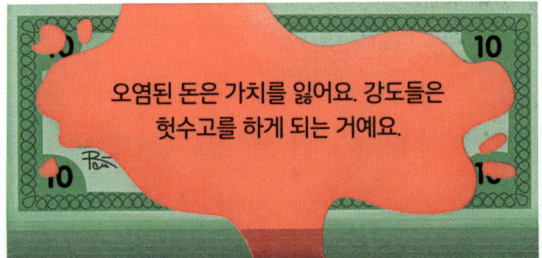

오염된 돈은 가치를 잃어요. 강도들은 헛수고를 하게 되는 거예요.

마을은 텅 비어 **유령 도시**가 되고 말았어요. 이 중 대부분이 지금도 그대로 남아 있어요.

34 20억이 넘는 비트코인이…

사라졌어요.

비트코인은 온라인에서 만들어지고 저장되는 화폐의 한 종류에요. 이러한 화폐를 **암호 화폐**라고 불러요. 그런데 수백만 비트코인은 행방불명 상태예요.

노란색 원은 **전 세계**에 있는 모든 비트코인을 나타내요.

비트코인은 완전한 디지털 화폐예요. 은행이 아니라 전자 지갑에 보관하지요.

분홍색 원은 아직 **발견되지 않은 비트코인**을 나타내요.

파란색 원은 **분실된 비트코인**을 나타내요.

경제학자들은 비트코인이 분실되는 주요 원인으로 세 가지를 꼽아요.

① 지갑에 접근할 수 없거나, 누군가 비밀번호를 남겨 두지 않은 채 사망하는 경우

② 범죄 거래에 이용되고 버려진 경우

③ 10년 이상 사용되지 않은 경우

비트코인의 원리

비트코인은 온라인에서 만들어져요. 복잡한 코딩 문제를 해결하면 발행되지요.

비트코인은 만들어지거나 사용될 때마다 모든 거래가 저장되어요. 이러한 기술을 **블록체인**이라고 해요. 블록체인은 모든 사람이 확인할 수 있도록 공개되어 있기 때문에 절도나 위조가 거의 불가능하지요.

비트코인을 비롯한 암호화폐는 정부나 은행이 아닌, 사용자들이 만들고 교환해요.

36 나무 장난감의 가격은…

나무의 가격보다 훨씬 비싸요.

판매되는 제품의 **가격**은 수많은 비용을 고려해서 결정되어요. 제품을 만드는 실제 재료는 우리가 지불하는 돈에서 아주 적은 비율을 차지해요.

나무 블록의 판매 가격에는 다음과 같은 비용이 포함되어 있어요.

재료
상품을 만드는 자재

제작비
공장에서 제품을 만듦

운송비
생산지에서 판매지까지 옮김

임금
각 공정 단계마다 근로자에게 지불하는 돈

수익
관련 회사가 이익을 얻도록 추가한 금액

보관료
상품을 창고에 모아 둠

포장비
상자를 제작하고, 상품을 옮겨 넣음

마케팅 비용
제품을 광고함

세금
일반적으로 정부에서 제품 가격의 5~20% 금액을 부과해요. 이를 **부가 가치세(VAT)**라고 해요.

이렇게 구성된 제품의 가격은 제품의 종류와 판매되는 장소에 따라 크게 달라져요.

37 로마 사람은 소변을 처리할 때마다…

소변세를 냈어요.

옛 로마 제국에서는 소변이 다양한 용도로 사용되었어요. 가죽을 부드럽게 만들거나 양털을 하얗게 만드는 데도 쓰였지요. 소변을 팔면 많은 돈을 벌 수 있었기 때문에, 70년경 로마의 황제 베스파시아누스는 소변세를 받기로 했어요.

아래와 같은 공공 화장실에서 소변을 모았어요. 소변을 사려는 사람들은 세금을 내야 했고, 이 세금은 베스파시아누스에게 돌아갔어요.

오늘은 세금을 내야 해!

베스파시아누스는 소변세로 많은 돈을 벌어들였어요.

루루 루루

이 일로 '돈에서는 냄새가 나지 않는다'라는 라틴어 속담이 생겼어요. 사람들은 오늘날까지 이 속담을 사용해요. 돈의 출처가 어디든 상관없이 돈은 그 자체로 가치가 있다는 뜻이지요.

베스파시아누스 황제는 오늘날까지 소변과 연관되어 있어요. 프랑스어 '베스파시엔(vespasienne)'과 이탈리아어 '베스파시아노(vespasiano)'는 화장실을 뜻하는 말이에요.

세금이란 무엇일까요?

세금은 개인과 기업이 정부에 내는 돈이에요. 세금으로 모은 돈은 학교, 도로, 병원 등 공공 서비스에 사용되어요.

38 첨가물이 없는 쿠키에는…

세금이 붙지 않아요.

대부분의 나라에서는 식품이나 의류 같은 상품의 가격에 **부가 가치세(VAT)**라는 세금이 붙어요. 다만, 일부 나라에서는 필수적이고 기본적인 물품에 부가 가치세를 붙이지 않아요.

영국에서 첨가물이 없는 쿠키에는 부가 가치세를 부과하지 않아요.

부가 가치세는 물품이 가진 가치에 따라 일정 비율로 부과되어요. 물품을 생산하고 유통하는 모든 단계를 고려하여 적용하지요.

39 초콜릿 쿠키에는…

세금이 붙어요.

영국에서 초콜릿을 입힌 쿠키는 필수 음식이 아니거든요. 따라서 부가 가치세가 부과되어요.

영국에서 초콜릿을 입힌 파이 과자에는 부가 가치세를 붙이지 않아요. 파이 과자는 필수품으로 분류되기 때문이에요.

웃기지요? 초콜릿이 없어도 쿠키는 맛이 좋지요. 그러니 초콜릿 없이 쿠키를 만드는 게 어떨까요? 그러면 세금도 적게 내고 건강에도 좋답니다. 그렇지 않나요?

40 지갑 안은…

세균이 가득 사는 정글이에요.

지폐는 수명을 다할 때까지 수천 개의 손, 계산대, 주머니를 거쳐요. 뉴욕대학교 연구원들은 달러 지폐의 표면을 면봉으로 닦아 무엇이 숨어 있는지 조사했어요.

연구 결과에 따르면, 지폐 한 장에서 약 **3,000가지** 세균을 찾을 수 있다고 해요. 다음은 가장 흔하게 발견되는 세균과 그 세균이 일으키는 질병이에요.

바실루스 세레우스균
: 구토, 복통, 설사

황색포도상구균
: 다양한 염증

대장균
: 식중독

헬리코박터균
: 위궤양

디프테리아균
: 디프테리아*

*급성 호흡기 질환 중 하나예요.

보통 우리는 아주 적은 양으로만 존재하기 때문에, 질병을 일으키지 않아.

손을 씻기만 해도 우리는 하나도 남지 않아!

41 어떤 전갈의 독은…

세상에서 가장 비싼 액체예요.

'데스스토커'라고 불리는 전갈의 독은 사냥감을 순식간에 죽일 수 있어요. 그런데 의사들은 데스스토커의 독이 암세포를 표적으로 삼는다는 놀라운 사실을 발견했어요. 이후 데스스토커의 독은 수요가 높아졌고, 세상에서 가장 비싼 액체 중 하나가 되었어요.

데스스토커 한 마리가 지닌 독의 양은 아주 **적어요**. 한 컵의 분량을 얻기 위해서는 10만 마리가 넘는 데스스토커가 필요해요. 또, 독을 추출하는 과정은 아주 **위험해요**.

과학자들은 독에 들어 있는 화학 물질인 **클로로톡신**을 연구하고 있어요. 클로로톡신에는 다음과 같은 기능이 있을 거라고 짐작해요.

뇌종양 감지

암 치료

이러한 이유로 데스스토커의 독은 매우 비싸게 팔려요. 단 한 방울이 **수천만 원**에 이르기도 해요.

42 똑같이 생긴 다이아몬드라도…

가격이 크게 다를 수 있어요.

다이아몬드는 세상에서 가장 비싼 물건 중 하나로, 오랫동안 부의 상징이었어요. 하지만 두 개의 다이아몬드가 똑같이 생겼더라도 가격이 엄청나게 달라질 수 있어요.

1950년대 이후, 과학자들은 실험실에서 다이아몬드를 배양하는 방법을 개발했어요.

아래 다이아몬드 중 하나는 다른 것보다 두 배나 더 비싸요.
그림만 보고 구별할 수 있나요?

랩 그로운 다이아몬드

탄소로 구성되어요.

몇 주 동안 실험실에서
매우 높은 열과 압력을 가해 만들어요.

수량 제한 없이 만들 수 있어서
천연 다이아몬드보다 절반 가량 싸요.

시간이 흐르면 가치가 떨어질 수 있어요.

천연 다이아몬드

탄소로 구성되어요.

수십억 년 동안 지구 깊숙한 곳에서
매우 높은 열과 압력을 받아 만들어져요.

수가 적고 찾기 어렵기 때문에
매우 가치가 높아요.

시간이 흘러도 가치가 변하지 않을 거예요.

두 다이아몬드의 겉모습은 같아요.
특수 장비를 사용해야 어느 것이 자연에서 얻었고,
어느 것이 실험실에서 만든 것인지 알 수 있어요. 하지만 이 중
한쪽만이 희귀하다고 여겨져서, 사람들은 두 배나 더 비싼 값을
지불해서라도 천연 다이아몬드를 가지고 싶어하지요.

43 빵값이…

혁명의 불씨가 되었어요.

오랫동안 프랑스의 많은 노동자들이 빵을 주식으로 삼았어요. 빵은 값이 싸고 쉽게 구할 수 있었기 때문에 가난한 사람들도 걱정 없이 배불리 먹을 수 있었지요. 하지만 경제가 불안정해져 빵 가격이 오르자 상황이 변하기 시작했어요.

1780년대 후반에는 빵값이 훨씬 더 비싸졌어요.

휴

이제 하루 꼬박 일해도 빵 하나밖에 못 사요!

노동자들은 점점 더 힘들어졌어요.

꼬르륵
꼬르륵
꼬르륵

빵값 때문에 일어난 폭동을 더 알아보아요.

1700년대 초, 빵값이 너무 올라서 **보스턴 빵 폭동**이 일어났어요.

프랑스 혁명의 중요한 순간 중 하나는, 여성들이 빵을 달라고 외치면서 베르사유 궁전을 향해 행진한 사건이에요. 이 사건을 오늘날 **부녀자들의 베르사유 행진**이라고 불러요.

결국 폭동이 일어나기 시작했어요. 사람들은 정부에 문제 해결을 요구하며 들고 일어났어요.

하지만 당시 프랑스 정부는 오히려 세금을 더 걷으려고 했어요. 나라의 운영 방식을 바꾸고 싶었던 혁명가들이 거리의 시위자들과 함께 했어요.

우아아!

빵 하나에 이렇게 비싼 돈을 줄 수는 없어요!

우리는 변화를 원한다!

와아아! 야아아!

사람들은 왕에게 일반 국민이 정치에 참여하는 새로운 국가 체제를 요구했어요. 빵값에서 비롯된 이 사건이 바로 **프랑스 혁명**이랍니다.

1917년 러시아에서 발생한 **2월 혁명** 당시, 여성 노동자들은 빵과 같은 식량 부족과 열악한 생활 환경 때문에 폭동을 일으켰어요.

1977년 이집트 정부가 가장 기본적인 식량의 가격을 인상하자, 수십만 명의 사람들이 **이집트 빵 폭동**에 가담했어요.

44 최초의 지폐가…

동전 뭉치에서 사람들을 구했어요.

세계 최초의 지폐는 11세기 중국에서 만들어진 '교자'예요. 그전에 사용되던 통화는 주로 철, 구리, 청동으로 만든 동전 형태였어요.

이 동전들을 수천 개씩 끈으로 엮어서 들고 다닐 때도 있었어요. 하지만 엄청나게 무거웠지요.

수고를 덜기 위해, 쓰촨성의 상인들은 동전의 개수를 적은 종이를 사용하기 시작했어요. 그리고 동전 대신 이 종이를 교환했어요.

교자의 가치는 대부분 높았어요. 보통 동전 1,000개 이상의 가치를 가지고 있었지요.

얼마 후, 정부는 지폐가 널리 사용될 수 있도록 공장을 세웠어요. 정부 지폐에는 은행 인감을 찍고 특수 잉크를 사용해 위조를 방지했지요. 마침내 지폐는 세계 곳곳에서 사용되기 시작했어요.

45 대부분의 지폐는…

종이로 만들지 않아요.

과거에 지폐는 종이로 만들었지만, 오늘날 많은 지폐는 다른 재료로 만들어져요.

종이

일본의 엔화 지폐는 '미츠마타'라는 식물로 만든 종이에 인쇄해요.

면

미국의 달러 지폐는 리넨과 면으로 만들어요.

폴리머

50여 개의 나라에서는 폴리머로 지폐를 만들어요. 폴리머는 신소재 플라스틱으로, 내구성이 뛰어나요.

때로는 긴급한 상황이 닥치면, 구할 수 있는 재료를 가리지 않고 지폐를 인쇄해야 해요.

비단

1920년대 독일은 심각한 경제 위기를 겪었어요. 당시 비단에 인쇄된 지폐가 많이 사용되었어요.

바다코끼리 가죽

1800년대 초, 러시아가 알래스카를 점령했을 때 일상적인 재료를 구하기가 힘들었어요. 필요할 때마다 바다코끼리의 가죽에 지폐를 인쇄했어요.

카키색 셔츠

1902년 남아프리카에서 일어난 제2차 보어 전쟁 당시, 군인들의 셔츠에 지폐를 인쇄했어요.

46 독수리 피터는…

미국 최초의 조폐국에서 살았어요.

조폐국은 동전을 만드는 기관이에요. 미국 최초의 조폐국은 1792년 필라델피아에 세워졌어요. 1830년대에 그 조폐국에 한 야생 흰머리수리가 살기 시작했어요. 조폐국 직원들은 그 독수리를 '피터'라고 불렀지요.

피터는 조폐국에서 살았지만, 날개를 펼쳐 도시 곳곳을 자유롭게 날아다니곤 했어요.

직원들은 피터를 무척 좋아해서 마스코트로 삼았어요. 피터가 필라델피아 조폐국을 대표하는 직원이 된 셈이지요.

필라델피아 조폐국
피터

흰머리수리는 미국의 국조(나라를 대표하는 새)로, 수백 년 동안 미국 동전에 새겨졌어요.

특별히 1836~39년에 찍어 낸 1센트 은화와 1856~58년에 찍어 낸 '플라잉 이글 센트'를 비롯한 몇몇 동전에는 피터의 모습이 새겨져 있어요.

오늘날에도 조폐국을 방문하는 사람이라면 누구나 피터를 만날 수 있어요. 박제된 '독수리 피터'가 정문 입구에 전시되어 있지요.

필라델피아 조폐국은 미국에 있는
4개의 조폐국 중 하나로, 하루에
3,500만 개의
동전을 주조할 수 있어요.

미국 조폐국은 한때 1년에
280억 개의
동전을 주조한 적이 있어요.

동전 주조의 역사

동전 주조는 2,500년 전부터 시작되었어요.

세계에서 가장 오랫동안 운영되고 있는 조폐국은 프랑스 파리에 있어요.
864년에 설립되었지요.

조폐국은 평소에 사용하는 일반적인 동전 외에도 기념일, 대관식 같은 행사나 역사적인 사건을 기념하는 특별한 동전도 만들어요. 이를 **기념주화**라고 하며, 대부분 수집용이에요.

전 세계적으로 정부가 운영하는 조폐국은 70개, 민간이 운영하는 조폐소는 40개 정도예요. 모두 합쳐
약 **800종**의
동전을 생산해요.

어떤 조폐국은 다른 나라의 동전도 만들어요. 캐나다 왕립 조폐국은 싱가포르, 노르웨이, 쿠바, 태국, 우간다, 뉴질랜드 등
80개에 이르는
나라의 동전을 생산했어요.

47 천천히 흐르는 음악을 들으면…

소비가 늘어나요.

물건을 사러 가면, 주변에 충동구매를 일으키는 온갖 장치들이 숨어 있어요. 우리가 계획하지 않았던 물건을 사게 만드는 것이지요. 이를 **상품화 계획**이라고 불러요. 크고 밝게 빛나는 간판처럼 눈에 띄는 장치도 있지만, 무척이나 교묘해서 알아차리기 힘든 장치도 있어요.

얼마 안 남았어요!

연구에 따르면, 구매할 수 있는 수량이 제한된 상품은 판매가 더 잘 된다고 나타났어요.

별 다섯 개

다른 사람들이 많이 가지고 있는 상품이라면 더 가지고 싶어져요. 좋은 리뷰가 있는 상품도 믿고 구매하게 되지요.

이리 갔다, 저리 갔다

생활필수품은 서로 떨어진 곳에 진열되어 있기도 해요. 고객은 이동하는 동안 쇼핑 목록에 없었던 물건을 더 많이 보게 되고, 충동구매를 할 가능성이 높아져요.

느리게 흐르는 음악

연구에 따르면, 느린 음악을 틀면 고객이 더 오랜 시간 동안 쇼핑을 하게 된다고 해요. 느린 음악을 틀면 빠른 음악을 틀 때보다 매출이 **40%** 가까이 늘어나요.

빵과 과자는 여기로 ←

싱싱한 과일은 여기로 →

욕실용품

수건
샴푸
치약

눈높이 ⋯⋯▶
손이 닿는 높이 ⋯⋯▶

옥수수 / 감자 / 바나나 / 오렌지

직접 만져 보세요

기업은 자사 브랜드 상품을 고객이 쉽게 볼 수 있는 눈높이에 진열하기 위해 판매점에 돈을 지불하기도 해요. 간식이나 장난감 같은 어린이용품은 어린이의 손이 닿는 높이의 낮은 선반에 두어요.

맛있는 향

바닐라 향, 소나무 향 등 향이 나는 장소에 있는 고객은 향이 전혀 나지 않는 장소의 고객보다 **20%** 넘게 돈을 더 쓴다고 해요.

48 찢어진 지폐가 전부…

가치를 잃는 건 아니에요.

지폐가 찢어지면 대개 가치를 잃어요. 하지만 호주에서는 찢어진 지폐를 은행으로 가져가면 새 지폐로 바꿔 주어요. 찢어진 부분이 남아 있지 않더라도요.

호주의 은행에서는 찢어진 지폐를 살펴보고 전체에서 사라진 비율을 계산해요. 사라진 만큼 지폐의 가치에서 차감되지요.

20달러 지폐의 **절반**이 없어진 경우, **10달러** 지폐로 교환할 수 있어요.

4분의 3이 찢어진 **100달러** 지폐는 25달러로 교환할 수 있지요.

하지만 지폐가 전체에서 **80%** 넘게 사라진 경우에는 가치를 잃은 것으로 보아요.

중세 영국에서도 이와 비슷한 사례가 있었어요. 부드러운 은으로 만든 페니를 절반이나 4분의 1로 잘라서 거스름돈을 만들었지요.

49 동전 몇 개로…

은행이 설립되었어요.

1900년대 미국에는 '짐 크로우 법'이라는 아주 불공평한 법이 있었어요. 이 법은 흑인들의 권리를 제한했어요. 은행 계좌를 만들거나 돈을 빌리는 일조차 할 수 없었지요.

1903년, 메기 워커는 지역의 흑인들이 저축하고 대출을 받을 수 있는 은행을 세우기로 결심했어요. 메기는 미국에서 은행을 설립한 최초의 흑인 여성이 되었어요.

메기 워커

새로운 은행 시내에서 영업 시작

세인트 루크 페니 세이빙스 은행

어제 은행이 문을 열었고 수백 명의 사람들이 계좌를 만들기 위해 줄을 섰다.

31센트로 시작한 예치금이 하루 만에 수천 달러로 늘어났다.

얼마 지나지 않아 이 은행은 오늘날 수백만 달러에 해당하는 돈을 관리하게 되었어요.

이 은행은 수십 년 동안 지역 사회에 대출과 일자리를 제공해 주었어요. 그리고 미국에서 가장 오래 운영된 흑인 소유의 은행이 되었어요. 더 큰 은행에 합쳐져서 오늘날에도 계속 운영되고 있지요.

은행 직원들

50 중세 기사에게 반지는…

신용 카드와 같았어요.

오늘날 사람들은 **신용 카드**로 물건을 먼저 사고 나중에 값을 지불해요. 하지만 이와 같은 '선구매 후지불' 개념은 새로운 것이 아니에요. 아주 오랜 옛날부터 다양한 종류의 신용 제도가 있었어요.

**기원전 3,000년
고대 메소포타미아**
상인들은 점토판에 결제 내용을 기록했어요. 고객이 얼마를 빚졌는지, 언제 지불할 예정인지를 적어 두었지요.

**12세기
중세 유럽**
일부 기사단은 자체적으로 은행을 세웠어요. 사람들은 기사에게 돈을 맡겼지요. 기사들은 돈을 맡았다고 적은 신용장을 내주었고, 주인이 요청할 때 돈을 다시 돌려주었어요.

51 은행이 없는 곳에서는…

돈 바구니가 역할을 대신해요.

언제 어디서나 은행 계좌를 만들 수 있는 건 아니에요. 특히 외딴 지역에 살고 있거나 빈곤에 처해 있는 사람들에게는 더더욱 힘든 일이지요. 그래서 몇 세기 동안 아프리카 서부와 중부의 일부 지역에서는 서로서로 저축을 도왔어요.

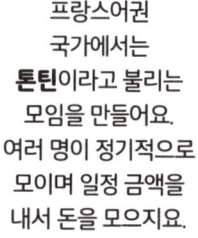

프랑스어권 국가에서는 **톤틴**이라고 불리는 모임을 만들어요. 여러 명이 정기적으로 모이며 일정 금액을 내서 돈을 모으지요.

똑같은 금액을 바구니에 넣어 모으고…

…순서를 정해 한 사람에게 모은 돈을 몰아 주어요.

**14세기
중세 유럽**

중세에는 기사마다 독특한 문양이 그려진 인장 반지를 지니고 다녔어요. 무언가를 살 일이 있을 때는 계산서 위에 반지로 밀랍 도장을 찍고, 지불은 나중에 했어요.

**20세기
현대 미국**

최초의 신용 카드는 '다이너스 클럽 카드'예요. 처음에는 식당에서만 쓸 수 있었지만, 점차 전 세계 모든 종류의 매장에서 사용할 수 있게 되었어요.

오늘날 전 세계에는 수십억 장의 신용 카드가 만들어져 있어요.

톤틴은 주로 여성들로 구성되어요. 자신의 차례가 되어 받은 돈은 가정에서 급한 일이나 필요한 것을 살 때 쓰였어요. 하지만 점점 더 많은 여성이 사업을 시작하고 키우는 데 톤틴을 이용하고 있지요. 한국에도 이와 비슷한 '계 모임'이 있어요.

가축 구입

발명품 제작 및 테스트

자녀들의 학교 수업료

음식 가게 창업

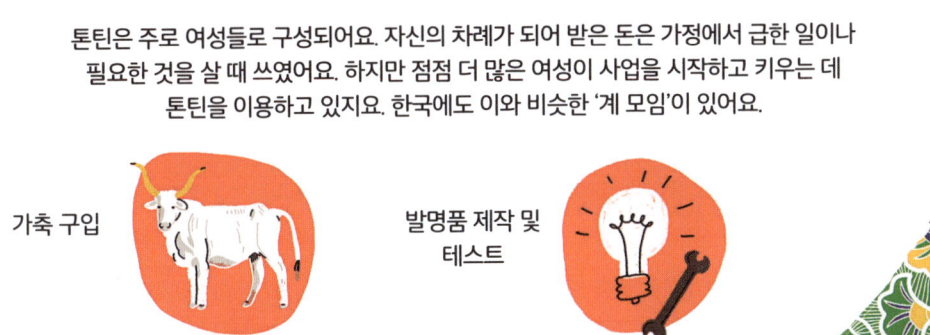

52 오늘날 달러 지폐가 나오기 전…

미국에는 수천 종류나 되는 지폐가 있었어요.

수십 년 동안 미국 달러는 정해진 디자인이 없었어요. 거의 누구나 원하는 모양의 지폐를 찍어 낼 수 있었지요. 1860년까지 은행, 회사, 지방 정부 등 8,000개가 넘는 다양한 기관에서 자체적으로 지폐를 디자인하고 발행했어요.

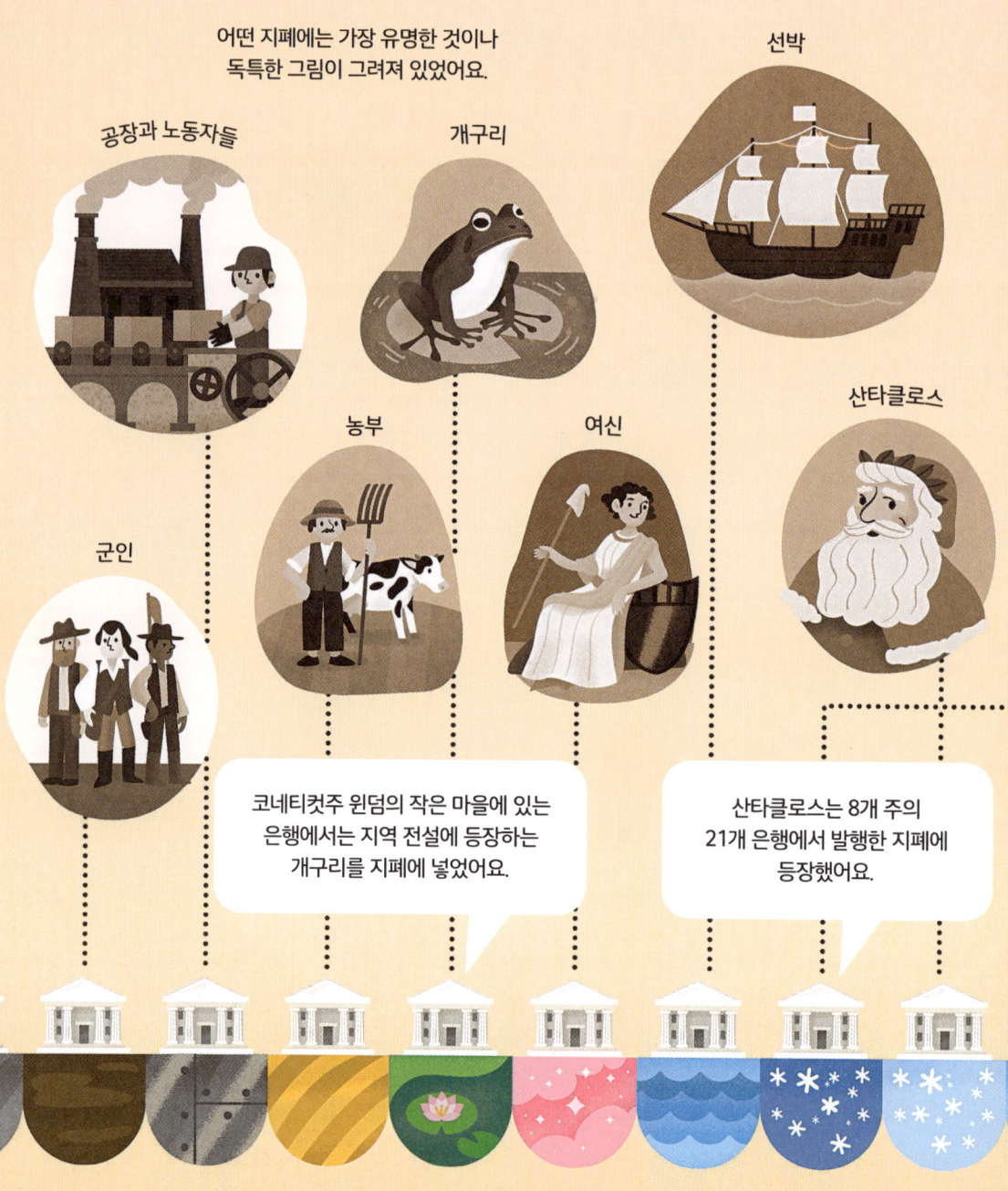

저마다 디자인이 다른 지폐가 너무 많아지자 문제가 생기기 시작했어요.

53 미국 비밀경호국은...

위조지폐를 찾기 위해 설립되었어요.

달러 지폐의 종류가 너무 많아지자 범죄자들은 손쉽게 가짜 돈, 즉 **위조지폐**를 만들 수 있었어요. 1865년까지 사용된 달러의 3분의 1, 많게는 절반까지 위조지폐였지요.

문제가 커지자 미국 정부는 위조지폐를 관리하기 위한 새로운 부서를 만들었어요. 오늘날 비밀경호국이라고 불리는 곳이지요.

으, 이런!

비밀경호국은 미국 최초의 법 집행 기관 중 하나예요. 요원들은 범죄 조직을 수사하고, 그들의 사무실과 작업장 현장을 급습해 위조지폐 생산을 막았어요.

1863년, 미국은 국립 은행을 세워 은행 업무를 관리하기 시작했고, 모든 달러 지폐의 디자인을 통일했어요. 오늘날까지 비밀경호국은 대통령을 경호하는 일 외에도 나라의 돈을 지키고 있어요.

54 지구에 있는 금 대부분은…

찾기 힘들어요.

지질학자들은 지구 내부에 아주 많은 금이 있을 거라고 생각해요. 금으로 된 층이 무릎 깊이만 한 두께로 지구 전체를 덮을 만큼 많이요. 하지만 지금까지 채굴된 금은 다 모아도 겨우 축구장 하나를 채우는 정도예요. 그렇다면 나머지 금은 어디에 있을까요?

금을 찾습니다

수배 중

고체 또는 액체 형태

마지막으로 목격된 시기는 수십억 년 전, 뜨겁게 녹은 금속이 늪처럼 지구 표면을 뒤덮던 시기

어디에 있을까?

과학자들은 금이 지구의 핵 속에 녹아 있다고 생각해요.

또는 바다에 아주 작은 입자 형태로 섞여 있을 수 있어요.

이 금은 수십억 년 전에 우주에서 유성우를 타고 날아왔을 거예요. 유성우가 지구에 떨어질 때 금과 여러 금속들이 지표면에 녹아내렸다가, 지구가 식으면서 핵 속으로 가라앉은 것이지요.

보상금: 상상할 수 없는 부

55 원숭이는 물건을 살 때…

사람만큼 신중해요.

돈을 사용하는 동물은 인간뿐일까요? 예일대학교 연구원들은 꼬리감는원숭이 무리에게 토큰으로 포도를 사는 방법을 가르쳐 주었어요. 실험 결과는 놀라웠지요.

연구원들은 다음과 같은 사실을 발견했어요.

원숭이는 돈을 사용할 때 신중해요.
토큰 1개를 내면 포도 2송이를 받는 선택과 1송이나 3송이 중 무작위로 받는 선택 중에서, 원숭이들은 언제나 포도 2송이를 받는 안전한 선택을 했어요.

원숭이는 싼 가격을 선호해요.
싼 것과 비싼 것 중에서 선택하도록 했을 때, 원숭이들은 언제나 싼 것을 선택했어요.

원숭이는 교활한 행동을 해요.
다른 원숭이가 보지 않을 때 재빠르게 토큰을 훔쳤어요.

연구원들이 실험 내용을 바꾸어도 원숭이들은 사람과 똑같이 행동했어요. 이러한 실험을 통해 과학자들은 사람이 재정적인 결정을 내릴 때 뇌가 어떻게 작동하는지 이해할 수 있어요. 이를 **신경 경제학**이라고 해요.

56 클릭, 좋아요, 공유하기는…

모두 사고팔 수 있어요.

클릭하고, 검색하고, 스크롤을 내리는 등 온라인에서 하는 모든 활동은 데이터로 저장되어요. 그리고 기업은 그 데이터를 구매해 고객에 관한 더 많은 정보를 알아내지요. 이처럼 데이터를 사고파는 행위를 **데이터 브로킹**이라고 해요.

기업은 우리의 관심사, 싫어하는 것, 습관, 가치관, 따르는 유행 등을 파악하기 위해 데이터 비용을 지불해요.

전 세계적으로 기업은 매년 개인의 데이터를 구매하는데 2,000억 달러 이상을 써요.

기업이 우리에 관해 더 많은 것을 알아낼수록 취향에 어필하는 광고를 만들기가 쉬워져요.

기업은 우리의 생활 방식에 관한 정보를 분석해서 구매 가능성이 가장 높은 제품을 찾아요. 그리고 우리가 사용하는 기기 화면에 맞춤형 광고를 띄우지요.

57 초록색 지폐가…

가장 널리 쓰여요.

지폐마다 문양과 디자인이 다양하지만, 전 세계 지폐의 약 4분의 1은 초록색이에요.

전 세계에서 쓰이는 지폐의 색상 비율을 숫자로 보여 줄게요.

미국은 거의 모든 지폐가 초록색인 유일한 나라예요.

파란색 지폐는 우크라이나, 보츠와나, 베트남 등에서 사용해요.

4% 6% 7% 10% 14% 17% 18% 24%

58 거대한 열쇠가…

런던의 금을 지켜요.

런던의 지하에는 미로처럼 복잡한 은행 금고가 있고, 그 안에는 40만 개가 넘는 금괴가 보관되어 있어요. 전 세계 금 보유량의 약 5분의 1에 해당하는 방대한 양이지요. 보안이 매우 철저한데, 최첨단 기술만 사용하는 건 아니에요.

영국 은행의 금고에 접근하려면 전자 보안 장치를 몇 차례 통과해야 돼요. 예를 들면, 말하는 사람의 목소리와 컴퓨터에 저장된 음성 샘플을 비교해 일치하는지 확인하는 절차도 있지요.

하지만 은행을 경영하는 사람들은 전자 보안 장치만으로는 부족하다고 생각해요. 그래서 거대한 열쇠도 사용하지요. 열쇠의 길이는 자그마치 **90cm**예요!

59 영수증은 인쇄하는 것이 아니라…

열에 그을리는 거예요.

영수증은 수 세기 동안 구매를 기록하는 용도로 사용되었어요. 오늘날에는 보통 **감열지**라고 불리는 특수한 종이로 만들어요. 감열지에는 잉크를 사용해 인쇄하지 않아요. 그 대신, 열을 가해 글자를 찍으면 해당 부위가 검게 변해요.

감열지

감열지는 잉크를 사용하는 종이보다 장점이 많아요. 인쇄하고 말리는 데 비용과 시간이 절감되지요.

일반 종이

잉크 가격	1,700원
말리는 시간	20초
인쇄 시간	10초

감열지

잉크 가격	0원
말리는 시간	0초
인쇄 시간	0.08초

하지만 감열지에도 단점이 있어요. 열에 민감한 화학물질이 들어 있어서 재활용되지 않아요. 영국에서만 1년에 100억 장 이상의 영수증이 매립지에 버려져요.

쓰레기를 줄이기 위해 전자영수증 사용량이 점점 늘어나고 있어요.

1 새로운 영수증 도착

60 분수에 던져진 동전들이…

사람을 돕는 데 쓰여요.

이탈리아 로마에 가면 트레비 분수가 있어요. 약 300년 전에 만들어진 이 분수는 로마에서 가장 유명한 상징물이기도 해요. 트레비 분수에 동전을 던지면 로마에 다시 오게 된다는 전설이 있지요.

매일 수천 명의 사람이 분수를 등지고 서서 어깨 너머로 동전을 던져요.

매일 분수에 던져지는 동전은 약 **4,000유로** 정도라고 해요. 1년에 약 **150만 유로**, 우리나라 돈으로 약 21억 원이나 되는 금액이에요.

"로마에 다시 오고 싶어!"

"동전이 모이면 자선 단체로 보내져요. 도시에 사는 빈곤층을 위해 무료 슈퍼마켓을 짓는 데 사용되지요."

분수에 모인 동전들

물에 동전 던지기는 오래된 전통이에요. 약 2,000년 전 로마 우물에 던져진 수천 개의 동전이 발견된 적도 있어요.

전 세계 분수에서 매년 **400만 달러**, 우리나라 돈으로 약 54억 원이 넘게 모여요.

대한민국 서울의 청계천에 있는 연못에 모인 동전은 장학금으로 사용되어요.

61 해적이 사용한 '여덟 조각'은…

전 세계에서 쓰였어요.

16세기 스페인은 세계 곳곳에 광대한 무역 제국을 건설했어요. 당시 스페인이 사용하던 동전은 **스페인 달러**였는데, **페소** 또는 '**여덟 조각**'이라고도 불렀어요. 오늘날 이 동전은 해적과 관련된 이야기로 유명해요.

스페인 달러는 스페인 제국이 다스리는 모든 장소에서 사용되었어요. 아메리카의 많은 지역과 필리핀을 비롯한 아시아의 몇몇 지역이 해당되었지요.

16세기 해적을 위한 '여덟 조각' 사용법

이것은 스페인 달러다. 원래는 스페인 것이지만, 전 세계에서 널리 사용된다.

여덟 개의 조각으로 잘라서 쓸 수 있다. 그래서…

…'여덟 조각'이라는 별명이 붙었다.

훔쳐 쓰기에 딱 좋은 동전이다!

와하하!

사람들은 '여덟 조각'을 무척 좋아했어. 동전 테두리에 무늬가 있어서 동전 가장자리를 깎아 금속을 훔치는 게 불가능했거든. 동전의 가치를 믿을 수 있었다는 뜻이야!

62 소행성을 채굴할 수 있다면…

우주 최고의 부자가 될 거예요.

화성과 목성 사이에는 수백 만개의 암석, 얼음, 금속 덩어리가 띠를 이루어 태양 주위를 돌고 있어요. 이 작은 천체들을 '소행성'이라고 불러요. 만약 우리가 우주로 날아가 소행성에서 금속을 채굴하여 지구로 가져올 수 있다면 어마어마한 부자가 될 거예요.

소행성에서 발견되는 금속은 전자기기부터 의약품까지 폭넓은 분야에 사용되어요. 이러한 금속은 수요가 높지만 구하기 어려워서 가격이 무척 비싸요.

로듐 - 로듐은 지구에서 가장 희귀한 금속 중 하나이자 가장 비싼 금속이에요. 자동차 배기가스 정화 장치, 초고속 충전용 케이블 등 다양한 곳에 쓰여요.

철 - 소행성 '16 프시케'에는 지구에 사는 모든 사람을 부자로 만들 수 있을 만큼 많은 철과 다양한 금속이 있어요.

은 - 은은 거의 모든 전자기기에 사용되는 주요한 금속이에요.

코발트 - 코발트는 지구에서 아주 적게 발견되어요. 휴대전화, 휴대용 컴퓨터, 태블릿 컴퓨터, 전기 자동차의 배터리를 만드는 데 꼭 필요한 금속이에요.

백금 - 소행성 '1986 DA'에는 9,000만 kg이 넘는 백금이 있다고 추정되어요. 이는 지구에서 채굴된 백금의 10배가 넘는 양이지요.

금속으로 이루어진 소행성을 **M형 소행성**이라고 해요.

가장 작은 M형 소행성도 그 가치는 수천 억 원에 달할 거예요.

우주의 금속

지구에서 발견되는 어떤 금속은 지구에 자연적으로 존재하는 것들이 아니에요. 우주에 떠돌던 소행성이나 소행성에서 떨어져 나온 운석이 지구와 부딪치면서 생긴 것이지요.

지구에서 가장 희귀한 금속으로 여겨지는 이리듐은 스마트폰 화면에 사용되어요. 과학자들은 지구에 존재하는 대부분의 이리듐이 공룡을 멸종시킨 소행성에서 왔다고 생각해요.

지금까지 가장 크다고 밝혀진 M형 소행성의 이름은 *다비다*예요. 과학자들은 다비다의 가치가 2,700경 달러, 한화로 약 350해 원에 달할 거라고 예상해요. 숫자로 쓰면 다음과 같아요.

35,000,000,000,000,000,000,000원

63 돈으로 돈을 벌 수 없어요…

이슬람 은행에서는요.

이슬람 은행에는 약 3조 달러가 보관되어 있어요. 이는 전 세계 모든 돈의 약 3%에 해당해요. 그런데 이슬람 은행은 대부분의 일반적인 은행과 다르게 운영되어요. 이슬람 은행의 주요 특징과 운영 방식을 알아보아요.

1 돈은 단지 교환 수단일 뿐, 그 자체로 가치를 가지지 않아요. 돈을 더 벌기 위해 돈을 사용해서는 안 돼요.

2 돈을 빌려줄 때 이자를 덧붙여 받지 않아요. 그래서 돈을 빌린 사람이 갑자기 불어난 이자 때문에 큰돈을 갚아야 하는 일은 없어요.

3 은행이 고객에게 돈을 빌려주지 않고, 고객에게 필요한 큰 물건이나 기계 등을 대신 구매하기도 해요. 그런 다음, 이익을 붙여 원래보다 약간 더 비싼 가격에 팔아요.

4 은행이 매기는 이익은 이자처럼 변하지 않고, 은행이 고객과 미리 합의해서 정해요. 고객은 최종 가격을 일정한 기간 동안 나누어 갚아요.

이 모든 운영 방식은 이슬람 율법에 기초해요. 돈을 거래할 때도 마찬가지지요.

경제학자들은 위기 상황에서 이슬람 은행은 서구권 은행처럼 파산하지 않을 거라고 생각해요. 이슬람 은행은 점점 더 많은 사람이 이용하고 있으며, 세계에서 가장 빠르게 성장하는 금융 기관 중 하나예요.

64 경매사는 단 1초 만에…

열 글자를 넘게 외쳐요.

경매란 골동품에서 가축까지, 다양한 종류의 물건을 사려는 사람들끼리 경쟁을 벌이는 거래 방식이에요. 경쟁은 매우 빠르게 진행되는데, 경매를 진행하는 **경매사**는 물건 가격이 오를 때마다 큰 소리로 외쳐요. 그래서 경매사는 아주 중요한 기술 하나를 완벽하게 익혀야 해요. 바로 *아주 빠르게 말하기*예요.

경매에서 가격을 제시하는 입찰자들은 가장 높은 가격을 제시해야만 물건을 살 수 있어요. 경매사는 빠른 속도로 외치면서 입찰자들의 가격 경쟁을 유도해요.

이번 물품 시작가 백 달러입니다.
이백 나왔나요?
뒤에 계신 신사분 이백입니다.
삼백 하시겠나요?
지금 삼백 나왔습니다.
사백으로 가나요?
사백인데, 오백 가시겠나요?
오백입니다. 육백?
육백 없나요?
현재 오백오십입니다.
맨 앞에 여성분 오백오십.
하나… 둘…

판매되었습니다!

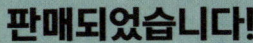

대부분의 경매사는 교육 기관에서 경매 기술을 익히고, 발성을 연습하고, 숨 쉴 틈 없이 빠르게 말하는 방법을 훈련해요.

보조 경매사는 많은 사람 중에서 입찰자를 찾는 일을 돕고, 경매사가 딸꾹질을 하는 등 예상치 못한 상황이 발생할 경우 경매를 대신 진행해 주어요.

희귀 골동품 탁상 시계

65 비가 많이 내리는 해에는…

초콜릿 가격이 올라요.

초콜릿을 만드는 카카오 콩이나 옷을 만드는 천 등 어떤 상품의 원료가 되는 자재를 **원자재**라고 해요. 원자재의 가격은 항상 변하고 날씨와 같은 수많은 요소에 영향을 받아요.

초콜릿은 카카오나무의 커다란 과실 안에 들어 있는 카카오 콩으로 만들어요. 매년 약 **50억 kg**의 카카오 콩이 재배되어요.

나무
과실
콩

카카오 콩의 개수

때때로 카카오 콩의 가격을 떨어뜨리는 일이 생겨요.

초콜릿이 건강에 안 좋다는 뉴스를 봤어. 더는 사지 말아야지!

사람들이 카카오 콩을 적게 사면, 재고가 늘어나 가격이 떨어져요.

일반적으로 물가는 시간이 흐를수록 올라요.

카카오 콩의 가격

시간

66 영화에 사용하는 가짜 돈은…

진짜처럼 보여야 하지만, 너무 진짜 같아서는 안 돼요.

소품 제작자들은 영화나 TV 프로그램에 사용하는 가짜 돈을 만들 때, 최대한 실제 돈에 가깝게 만들고 싶어 해요. 하지만 너무 진짜처럼 보이는 돈을 인쇄하면 법을 어길 위험이 있어요.

위조지폐를 만드는 것은 심각한 범죄 행위이며, 징역형을 선고받을 수도 있어요.

2000년 할리우드 영화 <러시 아워 2>에 참여한 소품 제작자들은 1조 달러 규모의 소품용 지폐를 인쇄했어요.

이 소품용 지폐는 진짜 돈과 구별하기 어려웠어요. 그래서 엑스트라로 출연한 사람들이 돈을 집으로 가져가 쓰려고 했어요. 그러자 미국 정부는 소품용 지폐와 인쇄에 사용된 컴퓨터 파일을 모두 압수하고 파기했어요.

67 피싱과 웨일링은…

범죄자들이 돈을 빼앗는 방법이에요.

피싱은 **사이버 범죄** 중 하나예요. 이메일이나 문자 메시지로 믿을 만한 상대인 척 접근한 뒤, 개인 정보를 입력하게 만들어 돈을 빼내는 수법이지요. 매년 전 세계에서 **1조** 통 이상의 피싱 이메일이 전송되어요.

범죄자들은 다음과 같은 것을 노려요.

신용 카드와 은행 계좌 번호

돈

개인 정보

기기에 악성 소프트웨어 실행

돈이나 권력이 많은 개인, 특히 회사의 최고 경영자를 겨냥한 피싱을 **웨일링**이라고 해요.

다행히도 피싱 피해를 막기 위해 노력이 이루어지고 있어요. 인터넷 제공 업체는 일반적으로 피싱을 99% 이상 차단해 사용자에게 전송되지 않도록 해요.

*피싱은 고기잡이, 웨일링은 고래잡이를 뜻해요.

68 페르시아의 한 공주는…

자신의 초상화를 주화에 새겼어요.

수천 년 동안 통치자들은 주화를 발행하고, 그 주화에 자신의 모습을 새겨서 권력을 과시했어요.

2,300여 년 전, 페르시아(오늘 날 이란)의 한 공주가 흑해 연안의 도시를 다스렸어요. 시간이 흘러 공주는 강력한 권력을 가진 여왕이 되었지요.

오늘날 튀르키예에 속한 그 도시의 이름은 '아마스라'예요. 여왕의 이름이었던 '아마스트리스'에서 유래했는데, 여성의 힘이라는 의미를 담고 있어요.

아마스트리스는 아래와 같은 그리스어 단어가 새겨진 주화를 주조했어요.

ΑΜΑΣΤΡΙΟΣ ΒΑΣΙΛΙΣΣΗΣ

이 글자는 '아마스트리스 여왕'이라는 뜻이에요.

고대 그리스의 통치자 중에도 자기 아내나 여신 등 여성의 모습을 주화에 새긴 사람이 있었어요. 하지만 아마스트리스는 주화에 자기 모습을 새긴 최초의 여성이었어요.

69 고대 그리스 신화 속 어떤 왕은…

금으로 강을 채웠어요.

아주 먼 옛날에 '미다스'라는 왕이 살았어요. 그는 호화로운 궁전에 사는 부자였지요. 어느 날, 한 짓궂은 신이 그의 소원을 물었고, 미다스는 만지는 모든 것이 황금으로 변하게 해 달라고 말했어요.

다음 날, 미다스가 장미를 만지자 정말로 장미가 금으로 변했어요. 미다스는 무척 기뻤어요.

난 세계 최고의 부자가 될 거야!

하지만 미다스가 아내와 딸을 안는 순간, 그들도 모두 금으로 변해 버렸어요.

음식도 금으로 변해 씹을 수 없었고, 물도 마실 수 없었어요.

결국 미다스는 신들에게 자신의 소원을 취소해 달라고 빌었어요. 신들은 미다스에게 팍톨로스 강에 가서 손을 씻으라고 했어요.

처음에는 강물도 금으로 변했지만, 곧 모두 씻겨 나갔지요.

이제 됐어!

오늘날에도 '미다스의 손'이라는 표현이 쓰여요. 어떤 일이든 손만 대면 큰돈을 버는 사람을 가리킬 때 사용하지요.

70 미다스 왕 이야기에는…

약간의 진실이 섞여 있어요.

이야기 속 팍톨로스 강은 실제로 존재하며, 오늘날 튀르키예 서부에 흐르고 있어요. 약 2,700년 전, 사람들은 이 강물에서 **일렉트럼**이라고 불리는 금과 은의 합금을 발견했어요.

리디아의 왕 알리아테스는 일렉트럼으로 주화를 만들었는데, 이것이 세계 최초의 주화로 알려져 있어요.

알리아테스의 아들 크로이소스가 왕이 된 뒤, 일렉트럼에서 순금을 분리해 최초의 금화를 만들었어요.

금화 덕분에 나는 아주 큰 부자가 되었지. 그래서 엄청난 돈을 번 부자들을 '크로이소스만큼 부유하다'라고 표현하는 관용구가 생겨났어.

71 페루는 새똥으로…

철도를 건설했어요.

수천 년 동안 페루 사람들은 바닷새의 배설물인 **구아노**가 식물이 잘 자라게 돕는다는 사실을 알고 있었어요. 그런데 1800년대에 어느 유명한 화학자가 "페루의 구아노 비료가 세계 최고"라고 말했어요. 곧 이 지역의 비료가 세계 곳곳으로 팔리기 시작했어요.

구아노 ……▶

소문이 퍼지면서 점점 더 많은 농부들이 페루산 구아노를 사서 농사를 짓고 싶어 했어요.

수십 년 동안, 페루 근처 섬에서 수백만 톤의 구아노가 채취되어 세계 곳곳으로 배송되었어요.

한때 구아노 수출 금액은 페루가 버는 돈의 절반 이상을 차지하기도 했어요.

1800년대 중반까지 페루 정부는 구아노를 판 돈으로 다른 나라에 빌린 돈, 즉 **외채**를 갚을 수 있었어요. 또한 새로운 도로와 철도를 건설할 자금도 마련되었지요.

하지만 구아노를 언제까지고 수출할 수는 없었어요. 새똥을 지나치게 긁어모으다 보니 바닷새가 사는 섬이 훼손되었고, 결국 구아노 공급량도 줄어들기 시작했어요. 오늘날 페루의 주요 수출품은 구리와 금이에요.

72 위험한 일은 때때로…

큰돈을 벌어요.

많은 사람들이 일을 하고 돈을 벌지만, 무슨 일을 하느냐에 따라 받는 돈이 크게 달라져요. 무척 어렵거나 위험한 직업은 보통 더 많은 돈을 받는데, 이외에도 추가로 받는 돈이 있어요. 이를 **위험 수당**이라고 해요.

예를 들어, 아래와 같은 직업은 위험 수당을 받아요.

물속이나 땅속, 높은 하늘에 머무르는 일

날씨에 상관없이, 폭풍 치는 날에도 밖에서 하는 일

매우 무거운 물건을 많이 옮기는 일

위험한 기계나 강하게 흐르는 전기를 다루는 일

사람들은 돈을 많이 벌기 위해 이런 위험한 직업을 선택하기도 해요.

돈을 버는 다양한 방법

임금이란 노동에 대한 대가로 주어지는 돈이에요. 대부분 일한 시간에 따라 결정되지요. 때로는 건물이나 예술 작품과 같이 특정 프로젝트에 따라 지불되는 경우도 있어요.

일반적으로 일을 한 대가로 **급여**를 받아요. 급여란 근로자에게 매달 또는 매주 정기적으로 지급되는, 정해진 액수의 돈을 말해요.

73 한 조그만 나라가...

세계 최대의 치아 보철물 수출국이에요.

한 나라에서 다른 나라로부터 사들이는 물품을 **수입품**이라고 하고, 반대로 다른 나라로 파는 물품을 **수출품**이라고 해요. 매일 다양한 상품들이 판매를 위해 전 세계로 운송되어요.

운송
전 세계로 상품을 운송하려면 방대한 물류공정을 거쳐야 해요.

상품은 육로로… … 바다로… … 하늘로 이송되지요.

수입품

주로 자기 나라에서 거의 또는 전혀 생산하지 않는 물품을 수입해요. 하지만 항상 그런 건 아니에요.

미국처럼 크고 부유한 나라는 많은 양의 음식을 수입할 만한 여유가 있어요. 사람들은 자기 나라의 생산물 외에도 다양한 선택을 할 수 있지요.

사우디아라비아는 사막으로 뒤덮인 나라예요. 그런데 사막 모래는 너무 부드러워서 건설에 사용할 수 없어요. 그래서 건물을 하나 지으려면 호주에서 모래를 배에 가득 실어 수입해 와야 해요.

전쟁 중이거나 가뭄 또는 홍수로 어려움에 처한 나라들은 필요한 식량을 생산할 여력이 없어요. 이럴 때는 수입 식량에 의존하지요.

대부분 나라의 정부는 엄격한 법률을 통해 수입과 수출을 관리해요.

국경에서는 **세관**이라는 기관에서 나라 간에 불법으로 물건이 오고 가지 않도록 감시해요.

수출품

수출품은 주로 특정 나라의 생산자가 전문적으로 취급하거나 많이 보유하고 있는 물품이에요.

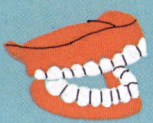 리히텐슈타인은 조그만 나라지만, 치아 보철물을 세계에서 가장 많이 수출해요.

바나나는 가장 많이 수출되는 과일이에요. 인도, 중국, 중앙아메리카에서 엄청난 양이 재배되고 있으며, 수백만 개가 전 세계로 운송되어요.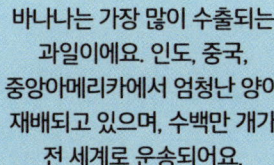

중국은 세계에서 가장 많은 물품을 수출하는 나라로, 그 금액은 매년 수천 달러에 달해요.

 중국의 상하이항은 세계에서 가장 크고 분주한 항구예요. 매달 2,000척 이상의 화물선이 드나들어요.

74 치과 의사가 생니를 뽑았어요…

그리고 다른 사람에게 팔았어요.

18세기 사람들은 규칙적으로 이를 닦지 않았고 치과에 갈 여유도 없었어요. 그래서 튼튼하고 깨끗한 치아를 필요한 사람에게 팔면 많은 돈을 벌 수 있었지요. 이와 같은 **치아 거래**는 매우 활발하게 이루어졌어요.

당시 가짜 이빨, 즉 의치는 코끼리 상아나 도자기 재료로 만들었어요. 의치가 필요한 사람은 많았지만, 부자만이 그 비용을 감당할 수 있었지요.

하지만 가짜 이빨은 사용하기가 불편했어요. 사람들은 진짜 사람의 치아로 만든 의치를 선호했어요.

치과의사들은 이 기회를 놓치지 않았어요. 돈이 필요한 사람들에게 돈을 주고 생니를 뽑아 갔지요.

이를 뽑은 다음에는 모양을 다듬어 필요한 사람에게 팔아 수익을 얻었어요.

오늘날 우리는 치아를 관리하는 방법을 잘 알기 때문에 생니를 억지로 뺄 일은 없어요. 그런데 나이를 먹으며 저절로 빠지는 젖니가 돈이 될 수도 있어요.

75 요정과 쥐가…

이빨을 돈으로 바꾸어 주어요.

세계 여러 나라에는 조그만 요정들이 아이들의 빠진 젖니를 가져가고 대가로 돈을 두고 간다는 이야기가 전해져요.

나는 **이빨 요정**이야! 베개 밑에 둔 젖니를 가져가는 대신 동전을 두고 갈게.

안녕, 우린 **작은 천사들**이야!

스페인 카탈루냐에서는 젖니가 빠지면 천사가 밤에 찾아가 돈으로 바꿔 주지!

나는 **라 쁘띠 수리**라고 불리는 작은 쥐야. 프랑스와 벨기에의 이빨 요정이야.

브라질에서는 사람들이 나 같은 작은 새에게 젖니를 던져 주고 동전이나 선물을 받는단다.

나는 **작은 쥐 페레즈**야. 스페인에서는 내가 이빨 요정 역할을 해.

이 요정들이 왜 돈을 내고 젖니를 가져가는지는 아무도 몰라요. 어떤 사람들은 요정들이 가져간 젖니로 성을 짓는다고 생각하고, 어떤 사람들은 젖니를 갈아서 마법 가루를 만든다고 생각한답니다!

76 황소와 곰이…

세계의 주식 시장을 움직여요.

많은 기업이 사업의 소유권 일부를 사람들에게 판매해요. 이를 **주식**이라고 해요.
매일 다양한 기업의 수백만 주의 주식이 **주식 시장**에서 거래되어요.
그런데 황소와 곰이 주식과 무슨 상관이 있을까요?

주식의 가치는 오르락내리락해요.
기업이 잘 되면 주식의 가치가 오르고, 투자자는 돈을 벌어요.
반대로 기업이 잘 벌지 못하면, 주식의 가치가 떨어지고 투자자는 돈을 잃어요.
각각의 사업체마다 주기가 있지만, 주식 시장 전체에도 주기가 있어요.

곰

곰은 공격할 때, 앞발을 위에서 아래로 내리쳐요.

가격이 계속 떨어지거나 떨어질 것으로 예상되는
시장을 **베어(bear) 마켓** 또는 **약세장**이라고 해요.

이런 상황에서 투자자들은 불안해져요.
어떤 사람들은 큰돈을 잃을 위험을
감수하고 싶지 않기 때문에 주식을
팔려고 할 거예요.

하지만 주식의 가격, 즉 주가가
낮으면 어떤 사람들은 주식을
사들이려고 할 거예요. 언젠가
주가가 다시 오를 거라고
기대하면서요.

주식과 투자

수백 년간 기업들은 **주식**을 팔았어요. 주식을 팔면 은행에서 돈을 빌리지 않고도 사업을 성장시킬 자금이 마련되지요.

미래에 더 많은 돈을 벌 거라는 기대로 주식과 같은 무언가를 사들이는 일을 **투자**라고 해요.

황소

황소는 공격할 때, 뿔을 위로 치켜올려요.

가격이 계속 상승하거나 상승할 것으로 예상되는 시장을 **불(bull) 마켓** 또는 **강세장**이라고 해요.

이런 상황에서 투자자들은 미래를 낙관하기 때문에 주식을 계속 가지고 있거나 더 많이 사들일 가능성이 높아요.

투자자들의 목표는 주가가 가장 높을 때, 즉 약세장이 시작되기 바로 전에 주식을 파는 것이에요.

주가가 높으면 주식을 샀던 가격보다 더 비싼 가격에 팔 수 있어 **수익**을 얻을 수 있어요.

77 꽃집에서 파는 꽃의 3분의 2는…

네덜란드에서 왔어요.

네덜란드는 작은 나라예요. 하지만 네덜란드의 농장은 세계에서 가장 많은 농산물과 꽃을 수출해요.

전 세계에서 판매되는 **꽃의 3분의 2**는 네덜란드에서 생산되어요.

튤립은 네덜란드에서 가장 많이 수출하는 꽃 중 하나로, 매년 **20억** 송이가 수출되어요.

농산물 수출로 네덜란드보다 돈을 더 많이 버는 나라는 미국뿐이에요. 미국의 국토 면적은 네덜란드보다 237배나 커요.

상품을 잘 수출하면 수많은 일자리가 생겨나고 민간과 기업의 수익이 늘어나 나라 경제가 활성화되어요.

78 이름을 바꾸어…

많은 돈을 벌었어요.

기업은 종종 유명한 사람에게 돈을 지불하고 자사 제품을 알리는 일을 맡겨요. 사람들은 유명인을 보고 그 제품을 구매하기도 하지요. 이러한 관계를 **스폰서십**이라고 해요. 어떤 사람들은 스폰서십에 따라 놀라운 일을 해내기도 해요. '애니 코프초프스키'라는 한 여성은 스폰서와 어울리도록 이름까지 바꾸었어요.

1894년, 몇몇 부유한 남성들이 여성은 자전거로 세계 일주를 할 수 없다는 데에 1만 달러를 걸었다고 해요.

곧 런던데리 수도 회사가 애니를 후원하기 시작했어요. 그래서 애니 코프초프스키는 이름을 **애니 런던데리**로 바꾸었어요.

애니는 그 말이 틀렸다고 증명하기 위해 자전거를 타고 세계 일주를 시작했어요.

뉴욕

이 소식은 널리 퍼졌어요. 애니는 세계 곳곳을 지나는 동안 매우 유명해졌고, 돈도 벌기 시작했어요 …

프랑스

이집트

… 여행하는 내내 자전거에 여러 기업의 광고를 부착하고 다녔고 …

스리랑카

중국

… 만나는 사람들에게 자신의 모험 이야기를 들려주었지요. 그동안 스폰서는 계속해서 애니를 후원해 주었어요.

15개월 뒤, 애니는 엄청난 돈을 벌어 집으로 돌아왔어요.

79 어떤 사기꾼이 에펠탑을…

두 번이나 속여 팔았어요.

사람들을 속여 돈을 빼앗는 거짓말과 사기 행위는 수천 년 전부터 있었어요. 그중에 가장 대담했던 속임수는 약 100년 전에 벌어졌어요. 프랑스의 상징적인 건축물을 '판매'한 거예요.

체코의 사기꾼 빅토르 루스티그는 파리에 머물다가 에펠탑에 관한 신문 기사를 읽었어요. 당시 파리시가 에펠탑을 관리하는 비용을 부담스러워한다는 기사였지요. 루스티그는 이 사실을 이용했어요.

루스티그는 고철 판매업자들을 만나서 에펠탑이 곧 철거될 것이고, 그 고철을 판매할 예정이라고 감쪽같이 속였어요.

가장 큰돈을 제시하는 사람이 에펠탑을 모두 가져갈 수 있어요!

어떤 사람은 너무 간절해서, 루스티그에게 뇌물을 주면서 에펠탑을 넘겨 달라고 했어요. **뇌물**이란, 어떤 목적을 이루기 위해 비밀스럽게 건네는 돈이나 물건을 말해요.

에펠탑 팝니다

루스티그는 돈을 받고서 도망쳤어요. 사기를 당한 고철 판매업자는 창피해서 경찰에 신고하지 않았어요. 몇 달 뒤, 루스티그는 또 한 번 에펠탑을 '팔려고' 시도했어요. 하지만 이번에는 경찰의 추적을 받게 되었고, 루스티그는 미국으로 도피했지요.

80 화창한 날은 …

돈을 많이 쓰게 될지도 몰라요.

많은 사람이 날씨에 따라 기분이 달라진다는 사실을 알고 있어요. 하지만 날씨는 종종 알아차리지 못하는 사이에 사람들에게 영향을 미치기도 해요. 바로 지출을 결정할 때이지요.

81 군인은 금을 들고 다녀요…

위험한 상황을 대비해서요.

지위가 높은 군인들은 종종 금화를 가지고 다녀요. 금화는 특정 나라에서 사용하는 통화는 아니지만, 필요하다면 어디에서나 사용할 수 있어요.

금은 세계 어디에서나 높은 가치를 지녀서 유용해요.

오랫동안 군인은 예비용 금을 가지고 다녔어요. 2차 세계 대전 당시 영국과 미국 군인들은 비상시에 사용할 수 있도록 금으로 된 여러 물건들을 휴대했어요.

금으로 포로의 몸값을 지불하거나, 위급한 상황을 피하거나, 필수 보급품을 얻을 수 있었지요.

오늘날에도 많은 군인들은 특별히 발행된 금화를 가지고 있어요. 금은 어디에 가서든 모든 나라에서 가치를 인정받는 **보편 통화**이기 때문이에요.

금 펜던트

금반지

금으로 된 줄

금화

82 스파이는 영수증을 가지고 다녀요…

실제로 계산되지 않은 가짜 영수증을.

극비 임무를 수행하는 스파이들은 신원을 검증 당할 때가 많아요. 기재 이름과 주소를 사용하고, 주머니에는 걸맞지 않은 물건을 넣고 다니다가 그릇되게 자신을 위장하지요.

위장용 소지품에는 기재 신분증, 신용 카드, 승차권, 그리고 실제로 구매하지 않은 물건 목록이 찍힌 영수증 등이 있어요.

국가 정보기관은 **유닉 예산**이라고 불리는 비밀 예산을 사용하여 스파이들에게 임무에 필요한 비용을 대 주어요.

예산의 상세한 금액 내역은 정부의 고위 관료들만 알고 있어요.

83 파인애플과 새우는…

호주의 결제 수단이에요.

호주에서는 지폐에 별명을 붙여서 부르기도 해요. 이 별명들은 지폐 색깔을 따라 지어졌어요.

> 5 호주 달러(AU $) 지폐는 분홍색이라 '새우'라고 불려요.

5 AU $	10 AU $	20 AU $	50 AU $	100 AU $
새우	블루베리	바닷가재	파인애플	수박

84 지저분한 돈일수록 …

더 빨리 사용돼요.

연구에 따르면, 사람들은 돈의 상태에 따라 돈을 더 빨리 쓰거나 더 많이 쓰기도 해요. 심지어 돈의 가치도 달라진다고 생각하지요.

> 액면가가 같아도 더러운 돈은 …

> … 깨끗하고 새로운 돈보다 가치가 낮아 보여요.

연구를 통해, 사람들은 더러워진 돈을 없애기 위해 더 빨리 사용한다는 사실이 밝혀졌어요.

반면 다른 사람들이 보는 앞에서는 깨끗한 새 돈을 쓰기를 원하지요. 그래서 누군가 자신을 지켜보고 있다고 생각하면 새 돈을 사용할 가능성이 높아요.

85 너구리 두 마리가…

은행을 털었어요.

2020년, 캘리포니아 은행 창구에서 너구리 한 쌍이 발견되었어요. 구조대원들이 쫓아오자 너구리들은 도망쳤지요. 전문가들은 너구리들이 무엇을 훔쳤는지, 경비가 철저한 보안 건물에 어떻게 침입했는지 의문이 들었어요.

마침내 현장에 남겨진 단서를 통해 대담했던 강도 사건의 전말이 밝혀졌어요.

86 거대한 치즈 덩어리가…

은행에 보관되어 있어요.

이탈리아에는 돈이나 금괴 대신 수천 개의 치즈 덩어리를 보관해 주는 은행이 있어요. 보안이 매우 철저한 곳이에요.

은행은 돈을 빌린 대출자가 대출금을 갚지 못하는 경우, 집이나 차와 같은 가치 있는 것을 대신 받기로 합의해요. 이를 **담보**라고 해요.

이탈리아 은행인 '크레디토 에밀리아노'는 파르미지아노 레지아노 치즈 제조업체에 치즈를 담보로 대출을 해 주었어요.

'파마산'이라고도 불리는 파르미지아노 레지아노는 굉장히 값비싼 치즈예요. 원통 형태의 한 덩어리는 무게가 약 40kg, 가격은 최대 1,000유로, 우리나라 돈으로 약 140만 원에 달해요.

40만 개가 넘는 치즈가 철조망으로 둘러싸인 첨단 보안 시설 안에 보관되어 있지요.

치즈 덩어리는 최소 20개 높이로 쌓여요. 은행에서는 치즈를 정기적으로 세척하고 자리를 이동하며 여러 달 동안 보관해요. 치즈 제조업체가 대출을 갚으면 치즈 덩어리는 반환되어요.

87 클립 하나로…

집을 살 수도 있어요.

수 세기 동안 사람들은 돈으로 물건을 사는 대신, 갖고 있던 물건을 필요한 물건과 맞바꾸었어요. 이를 **물물교환**이라고 해요. 2005년에 캐나다에 사는 블로거 카일 맥도날드가 클립으로 물물교환을 시작해 어디까지 갈 수 있는지 실험을 해 보았어요.

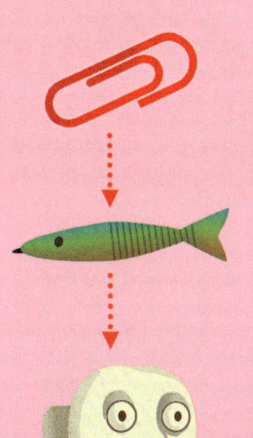

클립은 가치가 그리 높지 않았지만, 맥도날드는 클립을 조금 더 가치가 나가는 물고기 모양 펜과 교환했어요.

물물교환

돈이 생겨나기 전에 사람들은 필요한 물건을 얻기 위해 **물물교환**을 했어요.

물건을 교환할 수도 있고, 어떤 작업이나 기술 등 사람들이 제공하는 서비스와도 교환할 수 있어요.

맥도날드는 펜을 문손잡이와 바꾸고, 물물교환을 계속해 나갔어요. 그리고 매번 이전 물건보다 가치가 더 높은 물건을 손에 넣었어요. 다음과 같이요…

… 스노모빌 …

… 캐나다 야크행 여행 티켓…

… 수집 가치가 높은 스노 글로브…

13회의 물물교환 끝에, 나는 할리우드 영화 배역을 집 한 채와 바꾸었어요. 맨 처음 시작한 클립보다 **수십만 배**나 더 비싼 집을요!

88 확률을 뚫으려면…

엄청난 운이 필요해요.

매주 수백만 명의 사람들이 **복권**을 사요. 복권 구매자는 몇 가지 번호를 선택하고, 당첨 번호와 자신의 복권 번호가 일치하면 엄청난 돈을 받을 수 있어요. 최고 당첨금을 **잭팟**이라고 하는데, 받을 확률은 지극히 낮아요.

일반적으로 복권을 사면 1에서 49 사이의 숫자 중에서 6개를 무작위로 선택해요. 약 **1,400만 가지**의 숫자 조합이 가능하지요.

당첨 확률은 일반적으로 가능한 숫자 조합을 고려해 '몇 분의 1'로 나타내요.

폴란드의 복권은 1에서 42까지의 숫자 중 5개를 선택해요. 그래서 당첨 확률이 약 **85만 분의 1**로 가장 높아요.

이탈리아의 수페레나로또는 잭 팟이 터질 확률이 가장 낮아요. 1에서 90까지의 숫자 중 6개를 선택해야 하기 때문에 당첨 확률은 무려 **6억 2,200만 분의 1** 정도예요.

89 복권 기금은…

당첨자만을 위한 것이 아니에요.

복권 기금은 복권에 당첨된 사람들에게만 주어지는 게 아니에요. 최초의 복권이 생겨난 이래로, 복권은 좋은 목적을 위해 돈을 모으는 하나의 수단으로 사용되었어요. .

2,000년 전 중국에서 최초로 복권과 비슷한 형태의 놀이인 **케노**가 등장했어요.

케노로 모은 돈은 만리장성을 건설하고 수리하는 등 정부 사업 자금을 마련하는 데 사용되었어요.

약 2,200년 전

15세기에 네덜란드, 벨기에, 룩셈부르크의 마을들은 방어벽을 세우고 가난한 사람을 돕는 일에 복권 자금을 사용했어요.

로마 황제 아우구스투스는 내전 이후 로마를 재건하기 위해 복권으로 모은 수익금을 사용했어요.

15세기

약 2,000년 전

오늘날 복권은 다양한 일에 필요한 자금을 대 주고, 공공 시설을 세우는 데 쓰여요.

공원
학교
경기장
병원

대한민국에서는 복권 수입금 일부를 국민 복지에 사용해요. 예를 들어, 한부모 가정을 지원하지요.

현대

90 도둑이 복권을 사면…

감옥에 가지 않았어요.

1567년, 영국 해군은 항구를 수리할 돈이 필요했어요. 그래서 당시 여왕이었던 엘리자베스 1세는 자금을 모으기 위해 최초로 나라에서 복권을 판매했어요. 그런데 사람들이 복권을 구매해 얻을 수 있는 것은 큰 당첨금만이 아니었어요.

판매를 장려하기 위해, 복권을 가지고 있는 사람에게는 **사면**을 약속했어요. 즉, 작은 범죄를 저지르더라도 체포되지 않았지요.

하지만 이 복권은 무척 비쌌어요. 약 3주 치 급여와 맞먹었지요. 그래서 전체 복권의 10%도 팔리지 않았어요. 결국 해군은 긴급 대출을 받아야 했어요.

91 배고픈 오소리가 …

로마의 보물 더미를 발견했어요.

옛날 사람들은 주화, 금, 은 또는 보석과 같은 귀중한 물건들을 안전하게 보관하기 위해 한 곳에 묻어두고, 필요할 때 다시 찾곤 했어요. 하지만 때때로 보물은 분실되거나 잊히고, 세월이 흐른 후에 우연히 발견되기도 해요.

2021년, 스페인 북부, 라 쿠에스타 동굴

눈이 너무 많이 내려서 먹이를 못 찾겠어. 땅을 더 파서 먹을 걸 찾아 봐야지.

오소리는 구리와 청동으로 된 동전을 200개 넘게 발굴했어요. 이 동전들은 로마 제국 전역에서 사용되던 것들이었지요.

라 쿠에스타에서 발굴된 동전들은 현재 스페인 아스투리아스 고고학 박물관에 전시되어 있어요. 이처럼 숨겨 둔 보물들이 발굴되는 건 흔히 일어나는 일로, 모든 사람이 볼 수 있도록 보물을 전시하기도 해요. 다음은 전 세계에서 발견된 보물들이에요.

라 쿠에스타 유물
스페인

슈로다 유물
폴란드

6,000년 전의 것으로 지금까지 발견된 가장 **오래된** 보물 중 하나예요.

모이그라드 보물
루마니아

92 부탄은 돈보다…

행복을 더 소중하게 생각해요.

국내 총생산(GDP)은 한 나라에서 생산한 모든 것의 총합이에요. 많은 나라에서 성장과 성공을 측정하는 척도로 여겨지지요. 하지만 부탄에서는 달라요.

1970년 부탄의 4대 국왕은 부탄의 주요 종교인 불교의 교리에 따라 성공을 측정하는 새로운 방식을 만들었어요. 바로 **국민 총행복(GNH)**이지요.

국민총행복은 돈과 재물 대신 다음 9가지 조건을 살펴요.

① 시간 사용
일하는 시간은 여가와 수면 시간에 비교해 얼마나 되나요?

② 지역 사회 활성화
지역 사회가 안전하다고 느끼나요? 다른 사람들과의 관계는 어떤가요?

③ 생태적 다양성과 회복력
자연 환경이 건강한가요? 사람들이 자연에 대해 어떻게 느끼고 있나요?

④ 생활 수준
돈은 얼마나 벌고 있나요? 필요한 물건이나 거주할 집을 살 수 있나요?

⑤ 건강
몸과 마음이 건강한가요? 장애가 삶에 어떤 영향을 미치나요?

국내 총생산(GDP)

정부는 시간에 따른 자기 나라의 국내 총생산을 추적해 변화를 관찰하고 다른 나라와 경제력을 비교해요

국내 총생산은 해당 나라의 인구수로 나눌 수 있어요. 그러면 다른 나라와 비교하기가 더 쉬워요. 이를 **1인당 국내 총생산**이라고 해요.

⑥ 문화적 다양성과 회복력

얼마나 많은 사람이 자신의 민족어를 사용하고, 문화 활동에 참여하며, 예술적 기량을 갖추고 있나요?

⑦ 올바른 통치 구조

정부가 올바른 결정을 내리고 있나요? 국민이 국가의 운영 방식에 의견을 낼 수 있나요?

⑧ 교육

국민이 지식과 읽기 능력을 갖추고 있으며, 교육을 잘 받고 있나요?

⑨ 심리적인 행복

국민이 자기 삶을 어떻게 느끼고 있으며, 얼마나 만족하고 있나요?

111

93 돈을 태우는 것이…

예술이 될 수도 있어요.

1994년 영국에서 은퇴한 음악가 두 명이 100만 파운드에 이르는 돈더미에 불을 질렀어요. 이들은 돈이 불타는 모습을 촬영한 후, 전국을 돌며 사람들에게 그 영상을 보여 주었지요.

많은 사람이 이들의 행위를 두고 토론을 벌였어요.

> **예술**이로군요! 돈이 얼마만큼 가치가 있는지, 어떻게 우리의 삶을 조종하고 있는지 생각하게 되네요.

> **예술이 아니에요!** 쓸데없는 낭비인데다, 가난한 사람들을 배려하지 못한 행동이에요.

> 이건 **소유권**에 관한 문제에요. 돈을 가진 사람은 돈을 파괴할 권리도 가지고 있어요.

> **분별없고 이기적인** 행위예요. 더 나은 곳에 돈을 사용할 수 있었을 텐데요.

> 돈이 다른 어떤 것, 예를 들면 가족보다 중요하지 않다는 **깨달음**을 주는군요.

> 사람들의 **관심**을 끌고 싶을 뿐이에요. 자기들 음악을 홍보하고 싶어서 말이에요.

오늘날까지 사람들은 돈을 태우는 행위를 두고 논쟁을 벌이고 있어요.

94 예술 작품을 파괴해서…

돈을 벌 수도 있어요.

경매에서 사람들은 예술 작품에 엄청난 돈을 걸어요. 특히 유명한 예술가의 작품이라면 더더욱이요. 2018년 '뱅크시'라는 예술가의 그림이 경매에서 100만 파운드, 한화로 약 16억 원이 넘는 금액에 팔렸어요. 그 순간, 작품은 저절로 파괴되기 시작했어요.

그림이 액자 안에 숨겨진 자동 파쇄기로 들어가 갈가리 찢어진 거예요.

그림 아랫부분이 절반가량 가늘고 긴 조각으로 잘렸지만, 예술 작품의 가격은 오히려 엄청나게 치솟았어요.

이는 경매에서 생중계로 탄생한 최초의 작품이었어요. <사랑은 쓰레기통에>라는 새로운 작품명이 주어졌지요. 이 작품은 2021년에 **1,800만 파운드**, 한화로 약 288억 원이 넘는 금액으로 재판매되었어요. 파쇄되기 전 가격보다 20배나 더 비싸요.

95 상상하기 어려워요…

억만장자가 얼마나 돈이 많은지요.

백만장자는 부자를 가리키는 말이에요. 하지만 **억만장자**는 정말로 어마어마한 부자지요. 수백만이나 수억은 상상하기 힘들 정도로 큰 숫자이기 때문에 눈으로 볼 수 있게 표현하면 이해가 쉬워요.

백만은 이렇게 써요.

1,000,000

이 점 하나가 백만을 나타낸다고 상상해 보세요.

96 세계에서 가장 안전한 건물이…

미국 정부의 금을 지키고 있어요.

여기는 세계에서 경비가 가장 삼엄한 건물, **포트녹스**에요. 미국 정부가 보유한 **금괴**의 절반 정도를 보관하고 있지요. 그 어떤 방문객도 들어갈 수 없어요. 대통령이라도 마찬가지예요.

포트 녹스는 미국 켄터키주에 있는 커다란 군 기지에 위치하고 있어요. 어떻게 운영되고 있는지는 이곳에서 일하는 소수의 직원을 제외하고 아무도 몰라요.

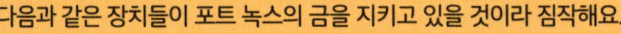

다음과 같은 장치들이 포트 녹스의 금을 지키고 있을 것이라 짐작해요.

전기 울타리

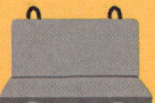
두꺼운 콘크리트 장벽

눈부신 감시용 탐조등

바닥 곳곳에 숨긴 지뢰

기관총 발사를 유도하는 레이저

10억은 백만보다 천 배 더 커요.
이렇게 쓰지요.

1,000,000,000

····▶백 만

그러니까 10억은 백만짜리 점이 천 개가 있다는 뜻이에요.

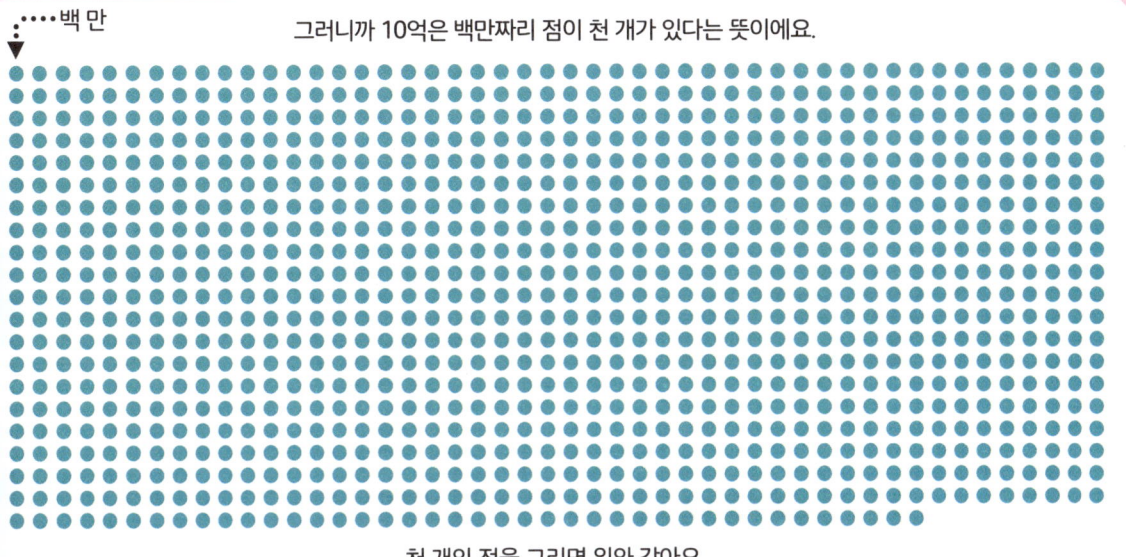

천 개의 점을 그리면 위와 같아요.

나머지 절반은 뉴욕 연방 준비은행의
지하 금고에 보관하고 있어요.

또 다른
전기 울타리

수천 명의
주둔 군인

18,000kg의
크고 튼튼한 문

내부에 관한 기록,
설계도, 사진이 전혀
없어서 추측할 뿐이에요.

97 코코넛, 유령, 외계인 모두…
보험으로 보상받을 수 있어요.

폭풍으로 집이 피해를 입었다고 상상해 보세요. 수리 비용을 어떻게 마련할까요? 많은 사람이 경제적 손해에 대비할 수 있도록 **보험**에 가입하여 일정한 돈을 납입해요. 그 대가로 보험 회사는 문제가 발생했을 경우, 계약 범위 내에서 보상을 해 주지요.

거의 모든 것에 보험을 들 수 있어요. 하지만 어떤 사람들은 매우 특이한 보험에 가입하기도 해요.

쌍둥이 출산
아기를 낳고 키우는 일에는 돈이 들어요. 두 명을 낳으면 돈이 두 배나 더 들지요. 영국의 '다태아' 보험 정책은 최대 5,000파운드까지 비용을 지원해 주어요.

사람을 죽이는 과일
아주 드문 일이지만, 떨어진 코코넛에 맞아 사망하거나 부상 입는 사람이 있었어요. 일부 여행 보험 회사는 계약에 이 내용을 포함하기도 했어요.

백만 달러짜리 다리
많은 유명인이 자신에게 가치 있는 특정 신체 부위에 보험을 들어요. 유명한 축구 선수 크리스티아누 호날두의 구단은 그가 부상으로 경기에 나갈 수 없을 때를 대비해 다리 보험을 들었어요.

우주 잔해물

위성이 지구로 추락하면 보통 바다에 떨어져요. 하지만 우주 잔해물이 예기치 않은 곳에 떨어져서 사망, 부상, 재산 피해 등을 일으킬 수도 있지요. 관련 보험에 가입해 두면 이 또한 보상받을 수 있어요.

값비싼 미각

헝가리의 음식 평론가 에곤 로나이는 자신의 미뢰*에 40만 달러의 보험을 들었어요. 이 보험은 로나이의 미각을 보장하고, 미각을 잃었을 때 보험금을 지급하지요.

*혀에서 미각 세포가 모여 있는 기관

초자연적 피해

40,000명 이상이 영국의 보험 회사 런던로이즈의 유령 보험에 가입했어요. 유령 때문에 부상을 당하거나 재산 피해를 입으면 런던로이즈에서 보험금을 지급해요.

우주의 위협

가장 이상한 보험은 외계인 납치 보험이에요. 외계인에게 납치될 경우 보험금을 받을 수 있어요. 지금까지 수만 명이 재미 삼아 이 보험에 가입했어요. 하지만 지금까지 보험금을 받는 데 성공한 사람은 아무도 없지요!

98 동물들도 신용이 필요해요…

공정한 거래를 위해서요.

인간은 수천 년 동안 상품과 서비스를 **물물교환**해 왔지만, 그건 다른 동물도 마찬가지예요. 야생의 삶은 예측하기 힘들고, 먹이와 에너지, 시간과 같은 자원은 무척이나 소중해요. 그래서 동물도 인간만큼이나 공정하게 거래하고 싶어 하지요.

야생에서 일어나는 물물교환을 **생물학적 시장**이라고 해요. 다음 예시들을 살펴보아요.

버빗원숭이는 무리에서 먹이를 나눠 받기 위해 털 손질을 해 주어요.

먹이를 구하기 어려운 시기에는 더 오래 털 손질을 해야 하지요. 사람들이 희귀한 물품에 더 비싼 가격을 매기는 것과 비슷해요.

맛 좋고 신선한 과일! 털 손질을 하면 나눠드려요.

둥지에 온 걸 환영해요. 어서 일을 시작하세요!

특별 제공
일을 도우면 집을 드려요

때로는 암컷 쌍살벌들이 팀을 이루어 함께 둥지를 지어요.

한 마리 암컷이 책임을 맡아 알을 낳으면, 다른 암컷들이 그 암컷을 도와 새끼를 키워 주어요.

다른 둥지의 작업 환경이 더 나아 보이면, 일을 그만두고 옮길 수도 있어요.

다른 곳으로 가야지…….

어린 수컷 **침팬지**는 무리에서 분쟁이 일어나면 자신의 지지자를 자신의 편으로 만들기 위해서 다른 수컷들의 털을 더 많이 손질해 주어요.

다툼이 일어났을 때 무리에서 중요한 어른 수컷이 자신을 지지한다면 이길 확률이 더 높지요.

지지자가 필요한가요?

털을 다듬어 주면, 네 편이 되어 줄게!

물고기 세척장

청줄청소놀래기는 산호초에 세척장을 마련해요. 그리고 큰 물고기에 달라붙어 있는 기생충, 작은 찌꺼기, 다른 생물들, 손상된 비늘 등을 벗겨내 주어요.

놀래기는 그 대가로 떼어 낸 것을 모두 먹을 수 있어요.

산호초 최고의 서비스를 해 드려요.

때때로 놀래기는 배가 고프면 고객의 몸을 몰래 뜯어 먹어요. 하지만 물고기는 한번 자신을 속인 세척장은 다시 찾지 않아요.

아야! 내 몸을 물었어! 여기 다시 안 올 거야!

99 99가 붙은 가격은…

여러분의 돈을 벌고, 지켜 주어요.

수백 년 동안, 여러 나라에서는 가게 주인이 상품 가격을 반올림하는 대신 '.99'로 끝나도록 정했어요. 여기에는 몇 가지 이유가 있어요.

거스름돈을 만들기 위해

오래전 신문을 비롯한 몇몇 상품의 가격은 1센트 또는 1페니였어요. 신문사들은 가게 주인들에게 매장의 물건 가격을 .99달러로 끝맺도록 요구했어요. 그래서 고객은 항상 거스름돈으로 1센트 또는 1페니를 받고 그 돈으로 신문을 사게 되었지요.

도난을 막기 위해

많은 가게 주인들은 물건의 가격을 .99로 맞추어 계산원이 손님에게 무조건 거스름돈을 주도록 했어요. 그렇게 하면 금전 등록기에 거래가 자동으로 기록이 되고, 계산원이 잔돈을 몰래 훔치지 못하지요.

더 싸게 보이려고

오늘날에도 곳곳에서 .99와 .95로 끝나는 가격을 흔하게 볼 수 있어요. 과학자들은 사람이 가격을 볼 때 첫 숫자에 집중해 내림을 한다는 사실을 발견했어요. 그래서 실제로는 차이가 별로 없더라도, 가격이 더 저렴해 보이는 효과가 있어요.

100 만들 수 있는 바코드의 수는…

은하수의 별보다도 많아요.

바코드는 돈을 주고 살 수 있는 거의 모든 제품에 붙어 있어요. 식품 포장재, 옷의 가격표, 책의 뒤표지에도요.

USBORNE KOREA

초등학생이 알아야 할

100가지

바코드

각각의 상품마다 번호가 주어져요. 이 번호를 굵거나 가는 검은색 막대와 흰 공백으로 된 **고유한** 기호로 변환하면, 스캐너가 빠르게 읽을 수 있어요.

최초의 바코드는 1960년대 **화물열차**를 추적하는 데 사용되었어요.

오늘날 바코드의 막대 모양은 주로 **12** 또는 **13**개의 숫자를 다양하게 조합하여 생성되어요. 이렇게 만들 수 있는 바코드 모양은 **수천억** 가지에 달해요. 이는 은하수의 별보다도 많지요.

값 15,000원
Printed in UAE.
JFMAMJJASOND/24 7827/1

Usborne.kr
2025 Usborne Publishing Limited

ISBN 978-1-80507-640-7

FSC MIX
Paper | Supporting responsible forestry
FSC® C004800

삐빅

바코드 스캐너는 사실, 검은 막대가 아닌 흰 공백에서 반사된 빛을 읽어요.

- 1 중앙아메리카의 깃털 화폐
- 3 영국 런던의 가장 큰 모금 행사
- 5 태즈메이니아 섬에서 첫 번째 유로 사용
- 8 중국에서 지갑을 바닥에 두는 행동에 관련된 미신
- 11 일본 신사에 내는 동전
- 12 아스테카 제국의 카카오 콩 화폐
- 13 캐나다 퀘벡의 메이플 시럽 강도 사건
- 16 아프로섬의 라이 스톤
- 20 인도네시아 자바섬의 가장 오래된 돼지 저금통
- 30 호주의 금이 자라는 나무
- 33 미국과 남아프리카의 골드러시 유령마을
- 48 호주의 찢어진 지폐
- 51 아프리카 서부와 중부의 토틴
- 60 이탈리아 로마 트레비 분수에 던진 동전
- 61 스페인과 남아메리카 사이의 스페인 달러와 해적선
- 65 나이지리아와 가나에서 가장 많이 거래되는 원자재
- 68 페르시아 아마스드라에서 자신의 동전을 만든 공주
- 71 페루의 값비싼 새똥
- 77 네덜란드의 가장 큰 수출품인 꽃
- 79 프랑스 파리의 에펠탑 판매 사기 사건
- 85 미국 캘리포니아주의 너구리 은행 강도 사건
- 89 중국의 최초 복권 형태의 놀이
- 91 아프가니스탄의 동전 더미 유물
- 92 부탄의 행복 지수
- 96 미국 켄터키주의 가장 안전한 건물

낱말 풀이

이 책에 실린 중요한 단어들의 뜻을 풀이해 놓았어요.
기울임꼴로 나타낸 단어는 따로 풀이가 실려 있어요.

강도 남의 재물을 뺏는 도둑 또는 그런 행위

거래 구매자와 거래자가 합의에 따라 서로의 이익을 교환하는 과정

경매 경쟁을 통해 가장 큰 금액을 제시한 사람에게 물품을 판매하는 방식

경제 인간의 생활에 필요한 물건이나 노동을 사고 팔고 사용하는 모든 활동. 또는 그러한 사회적 관계.

경제학 경제에 관한 학문

골드러시 금이 발견된 장소로 사람들이 갑자기 몰려드는 현상

교자 중국에서 만들어진 최초의 *지폐*

국내 총생산(GDP) 한 나라의 모든 국민과 기업이 생산한 부의 총량

급여 근로자에게 일정하게 지급되는 돈. 주로 매달 지급되어요.

기부 자선 단체에 주는 선물. 주로 돈의 형태예요.

뇌물 누군가에게 어떠한 요청을 들어 달라고 불법으로 건네는 돈이나 물품

담보 대출을 받기 위해 은행에 제공하는 자산으로, *대출*을 갚으면 돌려받아요.

대여 금고 주로 금속으로 만든 보안이 강화된 금고. 또는 은행의 지하 금고

대체 가능 돈이나 물건 등 가치가 비슷한 물건은 서로 교환이 가능하다는 뜻이에요.

대출 주로 은행으로부터 빌린 돈으로, *이자*와 함께 갚아야 해요.

데이터 브로킹 사람들의 개인 정보나 데이터를 사고파는 일

돈 교환의 매개나 지불 수단으로 사용되는 것

돼지 저금통 동전을 보관하는 용기 중 돼지 모양으로 만들어진 것

라이 스톤 야프섬에서 돈 구실을 하는 거대한 돌

모금 주로 자선 단체를 돕거나 좋은 목적을 위해 돈을 모으는 일

무역 나라 또는 지역 사이에 물건을 사고파는 일

물물교환 돈을 사용하지 않고 상품이나 서비스를 교환하는 것

보편 통화 어느 곳에서나 사용되는 통화

보험 보험 회사에 돈을 지불하고 사고와 같은 예기치 못한 일이 일어났을 때 재정적인 도움을 받는 일

복권 일종의 확률 게임으로, 구매자가 선택한 숫자 조합이 당첨 번호와 일치하면 상금을 받아요.

부가 가치세(VAT) 세금의 한 종류로, 고객이 구매한 상품이나 서비스에 부가되어요.

부채 개인, 은행 또는 기업에 진 빚으로 일반적으로 *이자*와 함께 갚아야 해요.

블록체인 암호 화폐의 거래 기록을 저장하는 디지털 장부

비트코인 암호 화폐의 한 종류

사기 다른 사람을 속이는 등 불법적인 방법으로 돈을 버는 행위

사이버 범죄 컴퓨터나 전산망을 이용하거나 이를 겨냥한 각종 범죄

상품 계획화 제품을 전시, 홍보 및 판매하는 일

세금 정부에 내는 돈으로, 학교나 병원 같은 공공 서비스에 사용되어요.

수익 무언가를 팔아서 얻은 돈

수입 다른 나라의 것을 사들이는 일

수집품 수집가들이 가치 있게 여기는 것

수출 한 나라에서 생산한 것을 다른 나라로 팔아 내보내는 일

스폰서십 개인이나 기업이 홍보나 광고의 대가로 스포츠나 예술 활동을 지원하는 협력 관계

신용 카드 은행에서 발급하는 결제 카드로, 먼저 물건을 사고 나중에 값을 지불할 수 있어요.

암호 화폐 온라인에서 생성되고 저장되는 디지털 통화

액면가 각각의 지폐나 동전이 가진 가치

염료 팩 은행에서 강도 범죄를 막기 위해 돈 사이에 숨긴 폭발성 염료 팩

영수증 돈이나 상품을 거래한 기록

외채 한 나라가 다른 나라에 빚진 돈

원자재 사고팔 수 있는 가치가 있거나 유용한 자원

웨일링 돈이나 권력이 많은 개인을 겨냥한 피싱

위험 수당 위험한 작업을 하는 사람에게 추가로 지급하는 돈

유물 선조들이 사용하다가 남긴 물건

유언장 사망 후 남겨진 돈이나 재산의 처리에 대해 명시한 법적 문서

은닉 예산 첩보 임무에 비밀스럽게 사용되는 돈

은행 사람들이 돈을 저축하고 대출할 수 있는 기관

은행 계좌 은행에 예치한 돈을 기록한 것

이자 은행과 같은 기관이나 개인에게 돈을 빌렸을 때 원금 외에 추가로 갚아야 하는 돈. 또는 은행이 예금 고객에게 지급하는 돈

인플레이션 한 나라 물가가 평균적으로 오르고 통화의 가치가 떨어지는 현상

임금 노동의 대가로 받는 보수

자선 다른 사람을 돕기 위해 주로 돈이나 물품을 기부 또는 지원하는 일

자판기 주로 음료나 간식 등 물품을 판매하는 기계

전자 지갑 암호 화폐를 저장하는 곳

전자 화폐 온라인에 저장되는 돈

조폐국 동전을 만드는 기관

주식 회사 소유권의 일부를 투자자에게 판 것으로, 투자자는 수익에 대한 권리를 가져요.

주식 시장 주식을 사고파는 곳

주조 동전을 만드는 과정

준비 통화 국제 무역에 사용하기 위해 중앙은행이 보유하고 있는 외국 통화

중앙은행 정부와 긴밀히 협력하여 통화를 관리하는 은행

지폐 종이 또는 비슷한 재료로 만든 돈

채굴 비트코인과 같은 암호 화폐를 획득하는 과정

체크 카드 은행에서 발급하는 결제 카드로, 계좌 잔액 범위 내에서 물건을 살 수 있어요.

초인플레이션 매우 빠른 속도로 일어나는 인플레이션

톤틴 사람들이 모여 정기적으로 일정한 돈을 내고 번갈아 가면서 돈을 가져가는 모임

통화 한 국가 또는 여러 국가가 함께 사용하는 특정한 돈의 제도

투자 가치가 높아질 것이라 기대하여 무엇을 사는 일

피싱 이메일, 문자, 전화로 다른 사람의 개인 정보를 훔치는 사이버 범죄

필란트로피 사회 문제를 해결하기 위해 큰돈을 내놓는 자선 활동

혁명 이전의 법과 제도 등을 깨트리고 새로운 것을 급격하게 세우는 일

현금 동전이나 지폐와 같이 물리적인 형태를 지닌 돈

화폐 위조 가짜 돈을 만드는 일

환율 어떤 나라의 통화 가치를 다른 나라와 비교한 것. 또는 어떤 통화를 다른 통화로 교환하는 비율.

찾아보기

ㄱ

가로등 6
강도 18
개오지 껍데기 5
경매 77
경제학자 24-25, 28-29, 32, 44, 76
경제 28-29, 32
골드러시 42-43
교자 54
구슬 5
구아노 86
국내 총생산(GDP) 18, 110-111
금 39, 41, 42-43, 66, 79, 84-85, 86, 98, 114-115
금고 35, 69
금괴 69, 114-115
급여 87
기빙 플레지 19
기후 변화 79
깃털 5
꽃 94

ㄴ

날씨 78-79, 97
너구리 101

ㄷ

다이아몬드 51
달러 지폐 49, 55, 60, 64, 65, 80-81, 100
담보 102
대여 금고 35

대출 41, 61, 76, 102
데이터 브로킹 68
독수리 피터 56-57
돌고래 이빨 5
동물 4, 12-13, 17, 27, 50, 55, 56-57, 63, 64, 67, 86, 91, 92-93, 100, 101, 108-109, 118-119
동물 가죽 4, 55
동전 5, 6, 8-9, 16, 20, 22, 27, 30, 34, 54, 56-57, 60, 71, 72-73, 83, 85, 91, 108-109
돼지 저금통 27

ㄹ

라이 스톤 21
런던 마라톤 7
리치 9

ㅁ

마케팅 46
메이플 시럽 18
멧돼지 어금니 5
모금 7
물물 교환 103, 118-119
미국 달러 9, 69, 73
미다스 왕 84-85
미술 작품 10, 112, 113
미신 12-13
민담 영웅 31

ㅂ

바코드 121

박테리아 49
범죄 18, 25, 30, 38, 42-43, 65, 82, 96, 101, 107
별명 100
보안 10-11, 14, 30, 42-43, 65, 69, 96
보편 통화 98
보험 116-117
복권 13, 97, 104-105, 106, 107
부가 가치세(VAT) 46, 48
블록체인 44
비밀경호국 65
비용 46
비트코인 44, 45
빚 34, 86
빵 32, 33, 52-53

ㅅ

사기 38, 96
사이버 범죄 82
상품 계획화 58-59
새똥 13, 86
생물학적 시장 118-119
세금 4, 46, 47, 48
소금 4
소품용 지폐 80-81
소행성 74-75
수익 46
수입 88-89
수집품 35, 36-37
수출 86, 88-89, 94
스파이 99
스페인 달러 72-73
스폰서십 95
시변각 잉크 11
신경 경제학 67

신용 카드 5, 14, 62-63, 82
쌀 4

일렉트럼 85
일본 신사 16
임금 46, 87

톤틴 62-63
통화 4-5, 8-9, 21, 25, 33, 54, 98
투자 24, 40-41, 76, 93

ㅇ

아스테카 17
아인슈타인의 눈 35
암 50
암호 화폐 5, 23, 25, 44-45
억만장자 114-115
염료 팩 42-43
영수증 70, 99
외계인 117
외채 86
요정 91
울트라마린 38
원숭이 67
원자재 78-79
웨일링 82
위성 117
위조지폐 11, 65, 80
위험 수당 87
유령 117
유령 도시 42-43
유로 08-09
유물 108-109
유언장 15, 35
은닉 예산 99
은행 14, 24, 35, 40-41, 42-43, 61, 62, 76
은행 강도 42-43
은행 계좌 23, 25, 40-41, 61, 62
음식 4, 6, 9, 17, 18, 48, 52-53, 63, 78, 88, 100, 102, 116
이슬람 은행 76
이자 34, 40-41, 76
인플레이션 32, 33

ㅈ

자선 7, 19, 26, 71, 106
자판기 6
장바구니 지수 32
장어 4
전갈 독 50
전자 화폐 5, 23, 25, 44-45
조폐국 56-57
주식 92-93
주식 시장 23, 92-93
주조 57, 73, 83
지폐 5, 10-11, 22, 33, 42-43, 49, 54, 55, 60, 64, 65, 69, 80-81, 100, 112

ㅊ

차 4
채굴 45, 74-75
체크 카드 5
초인플레이션 33
초콜릿 17, 48, 78-79
치아 5, 88, 89, 90, 91
치아 보철물 88-89
치즈 102

ㅋ

카카오 콩 5, 17, 78-79
코코넛 116

ㅍ

포트 녹스 114-115
폭동 52-53
프랑스 혁명 52-53
피싱 82
필란트로피 19

ㅎ

해적 72-73
환율 25

작업 내역서

자료 조사와 글
앨리스 제임스, 란 쿡, 미카엘라 탭셀,
빅토리아 M. 윌리엄스

디자인
제니 오플리, 렌카 존스, 리지 노트,
가브리엘 리우

추가 디자인
케이티 밀러

일러스트
페데리코 마리아니, 안톤 할만,
줄리아나 아이그너, 티파니 브셰어

추가 일러스트
도미니크 바이런

전문가 감수
보비 시걸(교사, 방송인, 수학 문해력 증진 활동가)

정보 확인 샘 베어

시리즈 편집
루스 브로클허스트

시리즈 디자인
헬렌 리

한국어판 1판 1쇄 펴냄 2025년 4월 1일
옮김 송지혜 편집 권하선 디자인 전유진 펴낸곳 (주)비룡소인터내셔널 전화 02)6207-5007 팩스 02)515-2007
한국어판 저작권 ⓒ 2025 Usborne Publishing Limited
영문 원서 100 THINGS TO KNOW ABOOUT MONEY 1판 1쇄 펴냄 2024년
글 앨리스 제임스 외 그림 페데리코 마리아니 외 디자인 제니 오플리 외 감수 보비 시걸
펴낸곳 Usborne Publishing Limited usborne.com
영문 원서 저작권 ⓒ 2024 Usborne Publishing Limited

이 책의 영문 원서 저작권과 한국어판 저작권은 Usborne Publishing Limited에 있습니다.
저작권법에 의하여 한국 내에서 보호를 받는 저작물이므로 무단전재와 복제를 금합니다.
이 출판물의 어떠한 부분도 인공 지능 기술 또는 시스템(텍스트 또는 데이터 마이닝 포함)의 학습 목적으로 복제되거나
사용될 수 없으며, 당사의 사전 허가 없이 정보 검색 시스템에 저장하거나 어떤 형태로든 전송할 수 없습니다.
어스본 이름과 풍선 로고는 Usborne Publishing Limited의 트레이드 마크입니다.